100 Fatti Incredibili
Per Ragazzi Curiosi

Un'Esilarante Raccolta delle Cose piu Assurde, Strane e Vere che Dovresti Sapere

Copyright © 2022 – k A I R O S L A N D D

Tutti i diritti riservati.

Il contenuto di questo libro non può essere riprodotto, duplicato o trasmesso senza il diretto permesso scritto dell'autore o dell'editore. In nessun caso l'editore o l'autore saranno responsabili per qualsiasi danno, compensazione o perdita monetaria dovuta alle informazioni contenute in questo libro. Sia direttamente che indirettamente.

Avviso legale:

Questo libro è protetto da copyright. Questo libro è solo per uso personale. Non puoi modificare, distribuire, vendere, utilizzare, citare o parafrasare nessuna parte o contenuto di questo libro senza il consenso dell'autore o dell'editore.

Crediti fotografici

Tutte le fotografie all'interno del libro sono state realizzate da:

* Autore Schamin, Depositphotos
* Autore (Kiselev Andrey), Depositphotos
* Autore Vencav (Vaclav Volrab), Depositphotos
* Autore WorkshopExp (Alberto Hidalgo), Depositphotos

Siamo Linda e Charlie, fondatori di Kairoslandd.

Innanzitutto vogliamo ringraziarti per il tuo acquisto e soprattutto per averci dato fiducia.

In segno di riconoscenza, ti offriamo un BONUS SPECIALE per continuare a divertirti e ridere da solo o con i tuoi amici. Trovi tutto in fondo al libro e... facci sapere cosa ne pensi.

TABLE OF CONTENTS

INTRODUZIONE — **7**

CURIOSITÀ SU GEOGRAFIA E TURISMO: I FATTI PIÙ IMPROBABILI VIAGGIANDO PER IL PIANETA — **9**

CURIOSITÀ SCIENTIFICHE: FATTI SU SCIENZA E TECNOLOGIA CHE FORSE NON HAI MAI SENTITO PRIMA — **17**

CURIOSITÀ A TEMA FOOD: SIMPATICHE RIVELAZIONI SUI CIBI — **27**

CURIOSITÀ ANTROPOLOGICHE: USANZE E PARTICOLARITÀ DI POPOLI CHE FORSE NON CONOSCEVI **35**

CURIOSITÀ DALLA NATURA: I FATTI PIÙ IMPROBABILI DEL REGNO ANIMALE E VEGETALE **43**

CURIOSITÀ SULLA STORIA: FATTI STORICI DI CUI PROBABILMENTE NON SEI A CONOSCENZA **53**

CURIOSITÀ SUL CINEMA: DA HOLLYWOOD A HOGWARTS PASSANDO PER LO SPAZIO **71**

CURIOSITÀ DA INCUBO: LE FOBIE PIÙ IMPROBABILI	77
CURIOSITÀ SUL CORPO UMANO: TRA SCHIFEZZE E SUPERPOTERI	85
CONCLUSIONE	91
GLOSSARIO	92
IL QUIZ FINALE DELLE CURIOSITÀ	93
AUTORE	100
BONUS SPECIALE	102
SOLUZIONI	103

INTRODUZIONE

Cari ragazzi e ragazze perspicaci di tutte le età, siete pronti a fare un divertentissimo viaggio all'insegna di novità, scoperte, fatti incredibili per soddisfare la vostra sete di curiosità e, perché no, fare colpo sui vostri amici? Spegnete la tv e i videogiochi e preparatevi a leggere le cose più bizzarre, buffe e particolari da ogni angolo del pianeta.

Parleremo di stranezze sul cibo, fatti incredibili sulla storia e la scienza, curiosità dal mondo animale e dalla natura, popolazioni, i record più improbabili, lo sport, invenzioni, scienza, paure da brivido, modi di dire e tanti spunti di riflessione per voi e per la vostra famiglia.

Alla fine del libro troverete un glossario dove poter leggere il significato dei termini più complicati. Li troverete in <u>**GRASSETTO**</u> e <u>**SOTTOLINEATI**</u> all'interno del testo. E non è finita qui! Infatti, al termine della vostra lettura, troverete anche un gioco per mettere alla prova il vostro nuovo sapere: il "Quiz finale delle curiosità!".

Proprio così! Dopo aver letto tutte queste storie incredibili e sensazionali, mettetevi alla prova cercando di rispondere correttamente alle domande e, perché no, sfidando anche i vostri genitori, i vostri fratelli e sorelle o i compagni di scuola.

Vince chi totalizza più risposte esatte. Siete pronti alla sfida? Buona lettura a tutti!

CURIOSITÀ SU GEOGRAFIA E TURISMO: I FATTI PIÙ IMPROBABILI VIAGGIANDO PER IL PIANETA

Le leggi più pazze d'America

Ogni legge, persino la più severa, è uguale per tutti e va rispettata sempre. Eppure dovete sapere che nel mondo esistono delle normative talmente bizzarre e incredibili da domandarsi come sia stato possibile crearle. A una prima occhiata molte di queste, oltre a sembrare inutili, appaiono senza ombra di dubbio ridicole e prive di senso. Le più stravaganti però le possiamo trovare negli Stati Uniti, dove ogni cosa (perfino creare le leggi!) viene fatto nel modo più spettacolare possibile, un po' come nel cinema hollywoodiano. Elenchiamone alcune tra le più assurde.

Sapevate ad esempio che a New York è vietato mettersi un gelato in tasca mentre si gira per le strade della città di domenica? Oppure che a Tryon nella Carolina del Nord non si può tenere in casa un uccello che canta o che suona il flauto dalle 11 di notte fino alle 7 della mattina dopo? Ebbene sì, ma le stranezze non finiscono qui. In Ohio è vietato dare da bere ai pesci, in Oklahoma i cani che hanno intenzione di riunirsi in gruppo possono farlo solo con l'autorizzazione del sindaco, in Pennsylvania è vietato cantare nella vasca da bagno, e nello Utah è proibito pescare mentre si è seduti a cavallo!

La città con il nome più lungo del mondo

Sul libro dei Guinness dei primati possiamo trovare la città con il nome più lungo del mondo! Il record inizialmente era stato assegnato a un villaggio in Galles il cui nome era composto da 51 lettere, e questo lo rese meta per turisti e visitatori curiosi. Il primato venne poi assegnato a una collina neozelandese che di lettere nel proprio nome ne aveva 85. Ma se vi dicessi che la città col nome più lungo ha ben 163 lettere? Ebbene sì, la città si trova in Thailandia e ha un nome davvero difficile da pronunciare:

Krung - thep - maha - nakorn - boworn - ratana - kosin - mahintar - ayudhya - amaha - dilok - pop - nopa - ratana - rajthani - burirom - udom - rajniwes - mahasat - arn - amorn - pimarn - ava tar - satit - sakattiya - visanukam.

★Sembra quasi impossibile, perfino per i tailandesi stessi, i quali hanno deciso di abbreviare il nome in Krung Thep. Dato che ci siamo, volete sapere invece come si chiama la città col nome più corto del mondo? Si chiama "Å", si trova in Svezia e significa "fiume".

• Vuoi farti una doccia?

Qual è la domanda che viene fatta ogni volta che siamo ospiti a casa di qualcuno? Se vi dovesse capitare di trovarvi in Brasile vi chiederanno se volete farvi una doccia! Pare proprio che come prima cosa i brasiliani vi rivolgeranno questa domanda qualora foste loro ospiti. Non ci passerebbe mai per la testa di chiederlo a qualcuno che ci viene a trovare in casa, anche perché potrebbe sembrare imbarazzante e forse offensivo. Eppure in Brasile è usanza offrire una doccia ad un qualsiasi ospite che ti viene a far visita, anche se non resta a dormire da te. Questo perché il Brasile è un paese caldo e i brasiliani (che sono molto puliti) tendono a lavarsi almeno due o tre volte nell'arco della giornata. Quindi state tranquilli, se un brasiliano vi farà questa domanda non starà insinuando che siete puzzolenti!

Il monte più vicino alla Luna non è il più alto del mondo

Qual è il monte più alto del mondo? Facile, è il Monte Everest! Situato nella catena dell'Himalaya al confine tra Nepal e Cina, è la montagna più alta del pianeta e supera tutte le altre vette con i suoi 8848 metri. A questo punto potreste pensare che, essendo il monte più alto di tutti, sia anche quello più vicino alla Luna. E invece non è così! La montagna più vicina alla Luna si trova in Ecuador, si chiama Chimborazo ed è persino più basso dell'Everest! Com'è possibile? Perché anche se è alto solo 6268 metri, questo monte ha il vantaggio di trovarsi sopra l'Equatore, quindi è come se rispetto all'Everest godesse di qualche chilometro extra che lo fa avvicinare di più alla Luna.

11 fusi orari diversi

Secondo voi si può avere sia il giorno che la notte nello stesso momento? Sembra assurdo ma è così, precisamente in Russia. Com'è possibile una cosa del genere? Semplicemente perché la Russia è un paese grandissimo, infatti da Ovest a Est è talmente vasto (stiamo parlando di 17 098 242 km²!) che copre ben 11 fusi orari differenti. Cosa significa questo? Vuol dire che se a Mosca l'orologio segna le 13, in Kamchatka (cioè nella parte opposta della Russia andando verso est) sarà mezzanotte del giorno successivo. Il fatto che la Russia sia il pa-

...ese con più fusi orari al mondo non è proprio una cosa semplicissima da gestire, infatti questa particolarità può rappresentare un vero problema per quanto riguarda la comunicazione telefonica, i trasporti e le attività produttive. Insomma, chi viaggia in giro per la Russia potrebbe seriamente rimanerci "fuso"!

Chi viaggia di più al mondo?

Quale paese è in prima posizione per avere la popolazione che viaggia di più al mondo? La maggior parte di voi potrebbe rispondere la Cina o il Giappone. Nonostante siano proprio i turisti cinesi il popolo con il numero più alto di spostamenti e di viaggi internazionali (nel 2013 sono stati calcolati più di 97 milioni di persone) come nazione non viaggia affatto, e se gli spostamenti risultano essere così alti è solo perché bisogna tenere conto delle dimensioni della Cina e del grande numero dei suoi abitanti. Se allora non sono i cinesi a detenere questo primato, qual è il paese con più viaggiatori al mondo? Pare che in realtà sia la popolazione della Scandinavia. Al primo posto infatti troviamo i finlandesi con una media di 8 viaggi annui a persona (2 viaggi su 8 sono internazionali), al secondo posto troviamo i turisti americani con 7 viaggi l'anno, seguiti a loro volta dai viaggiatori svedesi, danesi e norvegesi (con 5 o 6 viaggi).

La pista ciclabile più lunga del pianeta

Se amate andare in bici in mezzo alla natura e vorreste trascorrere un anno scolastico in un paese che sotto questo aspetto può offrirvi davvero tanto, il Canada è sicuramente la scelta che fa per voi. Qui è stata inaugurata la pista ciclabile più lunga del mondo (stiamo parlando di ben 22770 chilometri di strada ininterrotta e libera dalle automobili). Questa pista attraversa paesaggi incredibili e spettacolari, un lungo percorso che collega tra loro 15 mila città canadesi e passa per laghi, monti, città famose come Vancouver e Montreal ma anche per luoghi sperduti e incontaminati. La pista ciclabile canadese è significativa perché rappresenta proprio la grandezza del Canada con la sua vastità e la sua diversità di paesaggi e abitanti. Il progetto è nato nel 1992 e per realizzarlo il governo canadese ha messo a disposizione le linee ferroviarie dismesse e non più in funzione che sono state poi trasformate e riconvertite.

Il Paese più visitato di tutti

Sapete qual è il paese più visitato al mondo? Secondo la classifica realizzata dall'organizzazione mondiale per il turismo, pare che sia la Francia. Qui infatti si recano ogni anno più di 80 milioni di turisti, 15 milioni dei quali visitano solo la capitale Parigi, mentre il resto si sposta verso i piccoli paesini, il mare, la campagna e i percorsi enogastronomici. Una delle mete preferite dai turisti è l'isola di Mont Saint Michel, famosa per le sue spettacolari maree. Dopo la Francia, gli altri paesi più visitati sono la Spagna al secondo posto, gli Stati Uniti al terzo, la Cina al quarto e l'Italia al quinto. Se la Francia è la nazione più visitata, Parigi non è al primo posto per affluenza turistica. Al primo posto troviamo infatti Hong Kong, che grazie alla sua incredibile crescita economica e culturale detiene il primato dal 2016.

Lo scorpione è un piatto prelibato

Non ci avresti mai scommesso, eppure devi sapere che lo scorpione è molto apprezzato nello street food di alcuni Paesi. È molto comune infatti trovarlo nei banchetti di cibo sotto forma di gustosi spiedini. Si tratta di scorpioni di allevamento che vengono selezionati proprio per essere cucinati e mangiati. Questo è un piatto prelibato e si sostiene che faccia anche molto bene all'organismo.

Nel deserto di Atacama non piove da 400 anni

Sapete dove si trova il luogo più arido del mondo? In Cile, in America del Sud, c'è il deserto di Atacama: lungo quasi 2000 chilometri e largo 180, è famoso per essere tra i deserti costieri più aridi e asciutti del pianeta. Si dice che qui non piova da oltre 400 anni! La posizione geografica di questo deserto, chiuso a est dalla Catena delle Ande e a ovest dalla Cordigliera della Costa, fa sì che le precipitazioni siano veramente scarse. La zona è caratterizzata da una forte escursione termica, con una temperatura che oscilla tra i 5 gradi notturni e i 40 gradi di giorno. Il deserto di Atacama viene utilizzato da qualche anno dalla Nasa per fare esperimenti e test in vista di missioni future sul pianeta Marte. Inoltre in questo luogo sono stati girati numerosi film di fantascienza.

CURIOSITÀ SCIENTIFICHE: FATTI SU SCIENZA E TECNOLOGIA CHE FORSE NON HAI MAI SENTITO PRIMA

I dinosauri esistono ancora?

Quando pensiamo ai dinosauri ci immaginiamo rettili enormi e feroci appartenenti a un'epoca ormai passata. Apparsi per la prima volta sulla terra circa 230 milioni di anni fa, hanno dominato il pianeta fino a quando un grande evento catastrofico non ha portato alla loro definitiva estinzione. Eppure gli studiosi di paleontologia affermano che i dinosauri non sono scomparsi. A quanto pare, oggi ne esistono ancora 10 mila specie diverse e vivono in forma di uccelli. Alcuni studiosi inglesi hanno affermato che gli uccelli sono il solo gruppo di dinosauri che è sopravvissuto all'estinzione e che ha continuato ad evolversi nel tempo. Al contrario dei dinosauri più grandi, quelli più piccoli sono riusciti a rimanere in vita, a trovare il cibo e ad adattarsi ai cambiamenti ambientali e climatici. Visto che gli uccelli moderni sono a tutti gli effetti dinosauri ancora viventi, pensate a questo la prossima volta che vi troverete di fronte a un piccione!

Il primo robot della storia era italiano

Sapevate che il primo robot della storia è stato inventato nel 1500 ed era italiano? Riconosciuto ovunque come genio assoluto sia come pittore che come inventore, Leonardo Da Vinci sembra avesse fatto numerose ricerche sull'anatomia che gli furono poi di ispirazione per la realizzazione di un cavaliere "robot". Nel 1950 alcuni studiosi hanno provato a realizzare il robot di Leonardo seguendo fedelmente le istruzioni che l'artista rinascimentale aveva appuntato sui suoi fogli. Il risultato fu straordinario: il robot costruito funzionava perfettamente! Si trattava di un soldato con addosso un'armatura medievale in grado di alzarsi in piedi, muovere le braccia e girare la testa. I movimenti erano possibili grazie a corde, cinghie e carrucole. Per realizzare i robot di oggi molti scienziati continuano a prendere ispirazione dai modelli di Leonardo, che è considerato a tutti gli effetti il padre della robotica!

Sei sicuro di sapere dove sono nati i fuochi artificiali?

Molti di voi forse sapranno che i fuochi artificiali nascono in oriente, quasi sicuramente in Cina, in seguito a un'invenzione: la polvere da sparo. Ma pochi di voi sapranno, invece, che questi fuochi sono nati in cucina! Ascoltate bene questa curiosissima storia. Circa 2000 anni fa un cuoco intento a preparare una gustosa pietanza mescolò per sbaglio zolfo, carbone e nitrato di potassio, ingredienti che potete facilmente trovare in una normale cucina. Il nitrato di potassio tra l'altro è conosciuto anche con il nome di salnitro e in passato veniva usato spesso per conservare il cibo. Quando il cuoco riscaldò e mescolò insieme i tre ingredienti, venne fuori un'esplosione pazzesca! La sostanza creata era sostanzialmente quella che oggi chiamiamo comunemente polvere da sparo. Sembra poi che il cuoco avesse messo questo composto dentro una canna di bambù, quindi il botto deve essere stato davvero grande! Quando la prossima volta vi capiterà di meravigliarvi e di stupirvi mentre assistete ad uno spettacolo di fuochi d'artificio, ricordatevi che la loro scoperta è stata assolutamente casuale.

L'hotspot più alto del mondo

È successo a tutti di provare a chiamare un amico o a inviargli un messaggio e di rendersi poi conto che il nostro smartphone non ha linea. Oppure avrete sicuramente notato come la connessione si possa facilmente perdere quando ci si trova in posti sperduti e isolati. Ma se vi dicessi che sul monte Everest prende benissimo, ci credereste? Bene, è tutto vero. A ben 5360 metri sul livello del mare al campo base Everest si trova l'HOSPOT più alto del pianeta. Esiste per un motivo preciso, in realtà. Gli scalatori ogni anno si recano in questo posto per scalare le montagne e la maggior parte di loro può incontrare delle serie difficoltà. A tale proposito si è deciso di offrire un sistema di connessione che facilitasse la comunicazione in caso di difficoltà e di pericolo.

Sai davvero tutto sulle tute spaziali?

Ti sarà senz'altro capitato di vedere in foto o in tv un astronauta. Hai notato che solitamente le tute che indossano sono sempre di colore bianco? Questa scelta è stata fatta perché il bianco protegge dalle radiazioni cancerogene del Sole. Infatti questo colore è in grado di riflettere la maggior parte dei raggi solari. Queste tute sono poi molto comode e permettono agli astronauti di passeggiare nello spazio e di muoversi liberamente. Devi sapere però che appena tornati sulla Terra, per la forza di gravità, una tuta spaziale pesa ben 127 kg! Non certo un indumento leggerissimo come lo è in orbita. Nello spazio, infatti, senza forza di gravità non pesa davvero nulla. Inoltre, come ben saprete, una tuta spaziale è dotata anche di un casco spaziale per sopravvivere. E come fa un astronauta a grattarsi se gli prude il naso? Ci hanno pensato gli scienziati inserendo un piccolo pezzo di <u>velcro</u> all'interno del casco. All'astronauta basterà strofinarci il naso contro per alleviare il prurito.

Il rumore del mare

Quanti di voi hanno provato a sentire il suono del mare avvicinando una conchiglia all'orecchio? Vi siete mai chiesti il perché di questo curioso fenomeno? In realtà quello che si sente non è veramente il rumore del mare bensì un'illusione acustica. Dentro la conchiglia c'è aria. Quando le onde sonore provenienti dall'ambiente circostante la sfiorano, queste fanno vibrare l'aria al suo interno. In questo modo anche i suoni e i rumori che normalmente sarebbero più impercettibili assumono maggiore volume e intensità. L'aria nella conchiglia e i rumori esterni fluttuano, mentre le pareti della conchiglia si comportano come una specie di cassa di risonanza. Ecco perché quando avviciniamo le conchiglie all'orecchio sembra di sentire la <u>risacca</u> del mare.

La mosca vive solo 24 ore?

Se provate a chiedere in giro quanto vive una mosca, la maggior parte delle persone vi dirà molto probabilmente solo 24 ore. A quanto pare non è così, almeno non per tutte le mosche! Le mosche domestiche e quelle che hanno dimensioni più grandi del normale infatti possono arrivare a vivere giorni e forse anche mesi. Se le mosche si trovano a vivere in casa o in ambienti caldi, possono svilupparsi rapidamente e arrivare a vivere più a lungo delle mosche normali. Pertanto, se una semplice mosca può effettivamente vivere solo 24 ore, una mosca domestica può tranquillamente vivere tra i 20 e i 25 giorni. Il ciclo vitale delle mosche è composto di 4 fasi: prima sono uova, poi diventano vermi, poi pupe e infine mosche adulte. Se un certo numero di uova sopravvive, si rischia di ritrovarsi casa piena di mosche. Se lasciati incontrollati, il breve ciclo vitale permetterebbe a questi insetti di riprodursi e moltiplicarsi velocemente. Alcune mosche domestiche poi sono particolarmente pericolose, poiché sono portatrici di oltre 100 malattie!

Il primo videogame della storia

Sapete quando è nato il primo videogioco della storia e come si chiamava? Questa è una curiosità molto interessante, e per cercare la risposta dobbiamo tornare indietro nel tempo, precisamente a Cambridge, in Inghilterra, nel 1952. Senza volerlo, il laureando Alexander S. Douglas inventò OXO, il primo videogioco: si trattava fondamentalmente di una trasposizione su schermo del tris, il gioco nel quale si vince mettendo in fila 3 cerchi o 3 X su una griglia composta da 9 quadrati. Eppure lo scopo principale di OXO non era affatto divertire e intrattenere giocando, ma si trattava della tesi universitaria di Douglas. Per la creazione del software venne usato EDSAC, uno dei primi computer della storia, che era grande quanto un'intera stanza! Per assistere alla nascita del primo vero videogame creato apposta per finalità ludiche bisogna aspettare il 1961, anno in cui un gruppo di giovani studiosi americani creò "Spacewar", una sorta di battaglia tra astronavi, considerato uno dei più importanti giochi di sempre.

Cibo a terra!

Secondo voi è vero che se il cibo cade a terra ma viene raccolto entro 5 secondi è ancora buono da mangiare? Alcuni studiosi dicono di sì ma altri non ne sono così convinti. Cerchiamo di vederci chiaro. Un ingegnere americano della Nasa tempo fa aveva dichiarato che i microbi per contaminare il cibo impiegano 5 secondi. Questa regola però sarebbe valida solo per certi alimenti. L'ingegnere sconsiglia di raccogliere da terra il cibo umido poiché certi batteri come la salmonella o l'escherichia coli favoriscono gli ambienti umidi rispetto a quelli asciutti riuscendo così a moltiplicarsi rapidamente. Se invece il cibo si trova a cadere su una superficie asciutta, può essere ancora mangiabile se raccolto entro 5 secondi. Nonostante ciò altri ricercatori sostengono che il cibo a terra rischia di essere contaminato dai microbi in meno di un secondo. In ogni caso la regola dei 5 secondi non è sempre attendibile: per questo motivo diversi medici sconsigliano fortemente di mangiare cibo caduto a terra.

Anche l'altezza ha i suoi orari

Sapevate che, dopo esserci svegliati la mattina e alzati dal letto, poi non restiamo proprio gli stessi per tutto il resto del giorno? A quanto pare la nostra altezza, anche se di poco, è diversa in base ai momenti della giornata. Ciò vuol dire che al risveglio potremmo risultare più alti di uno o due centimetri rispetto alla nostra solita statura. Stando in piedi di giorno, in posizione eretta, la cartilagine delle ossa che si trova tra le vertebre è più ristretta poiché viene schiacciata dal peso del nostro corpo. Risultiamo così essere più bassi. Ma quando dormiamo, siccome ci troviamo in posizione allungata e distesa, questo schiacciamento della cartilagine non avviene, quindi nel momento in cui ci alziamo potremmo essere più alti!

Piangere fa bene

Piangere è una reazione che capita a tutti. Ci capita di farlo quando siamo tristi, ma anche quando siamo felici e particolarmente commossi. Eppure il pianto non è solo un modo per esprimere e comunicare agli altri il nostro stato d'animo, ma ha anche una funzione psicofisiologica: quando piangiamo, le lacrime favoriscono il rilascio di corticotropina, cioè l'ormone dello stress. Un pianto liberatorio dunque pare aiuti il nostro organismo a ritornare lentamente ad una condizione di normalità e di calma, riducendo la reazione di forte agitazione e stress. Altri studi inoltre affermano che piangere aiuti a dormire meglio, combattere i batteri e migliorare la vista.

CURIOSITÀ A TEMA FOOD: SIMPATICHE RIVELAZIONI SUI CIBI

Perché il cioccolato ti dà energia?

Probabilmente avrai sentito dire: "Mangia del cioccolato! Ti sentirai meglio!". Se sei un fan di Harry Potter ricorderai anche il professor Remus J. Lupin quando lo offriva a Harry dopo essere stato attaccato da un dissennatore. Ma perché si dice che il cioccolato dia energia? Devi sapere che questo cibo così goloso in realtà è anche la sostanza che in natura contiene più teobromina. La <u>TEOBROMINA</u> ha un effetto stimolante molto simile alla caffeina contenuta appunto nel caffè. Sia la teobromina che la caffeina ti faranno sentire più energico dopo averle consumate. Entrambe agiscono sul nostro cervello, precisamente sul sistema nervoso centrale, come stimolanti. Mangiare del cioccolato attiva quindi queste funzioni: ma attenzione a ingerirne troppo! Proprio come il caffè, anche il cioccolato se ingerito in grandi quantità porta con sé degli effetti collaterali: ansia e agitazione.

Un'altra cosa che probabilmente non conoscevi è che, se sei un vero amante del cioccolato, dovresti ringraziare le mosche. Proprio così. Molto spesso questi piccoli ronzanti insetti sono visti di cattivo occhio. Molte mosche sono sporche, fastidiose e si dice diffondano germi e batteri. Tuttavia, in natura, ci sono mosche che fanno parte della famiglia dei Diptera (della classe Insecta) che include più di 110.000 specie. Alcune di queste hanno un ruolo assai particolare e di cui i più golosi dovrebbero essere grati. Le mosche sono infatti le impollinatrici di molte piante, tra cui quella del cioccolato. Stiamo parlando infatti della pianta del cacao. Questi piccoli e spesso fastidiosi insetti, nonostante la loro pessima fama, come vedete ricoprono un ruolo molto importante per la natura e i suoi frutti.

I croissant in realtà non sono francesi

Quanto sono buoni i croissant? Sicuramente almeno una volta sarete andati a gustarli per colazione magari insieme a una tazza di cappuccino. Ma da dove arrivano? Sebbene il loro nome sia un termine francese (significa letteralmente "che cresce" e rimanda alla forma di una mezzaluna), il croissant non è francese, ma venne importato in Francia solamente nella prima metà del 1800. Questo dolce deriva da un altro paese: l'Austria. Prende spunto, infatti, dal kipferl austriaco (o kifli). Quest'ultimo era infatti una mezzaluna, dolce o salata, realizzata con farina, acqua, uova, zucchero e burro. Sulla loro superficie si spennella un tuorlo d'uovo per renderli più dorati e croccanti a fine cottura, proprio come si fa ancora oggi con i croissant. Fu August Zang, un ufficiale austriaco di artiglieria, a importare questo dolce a Parigi, fondando nella prima parte del XIX secolo la "BOULANGERIE VIENNOISE".

Le arachidi non sono nocciolline

Quando parliamo di arachidi pensiamo subito alle "noccioline" salate che troviamo spesso e volentieri durante gli aperitivi o alle feste di compleanno, magari da sgranocchiare anche davanti alla tv. Eppure queste "noccioline" non fanno affatto parte della famiglia delle "noci". Gli arachidi appartengono, pensate un po', alla classe delle Leguminosae (i legumi). Conoscerete senz'altro altri cibi che appartengono a questa categoria, come ad esempio i fagioli, i piselli e le lenticchie.

Un altro fatto davvero incredibile sulle arachidi, inoltre, riguarda il goloso burro che si ricava macinando questi singolari legumi: il burro di arachidi.

Forse non lo sapevi, ma un professore di Edimburgo, Malcolm McMahon, dimostrò una cosa assai bizzarra e miracolosa utilizzando proprio questo goloso snack. Pare infatti che il burro di arachidi si presti molto bene ad essere trasformato in diamanti. Scientificamente il professore dimostrò che andando a schiacciare il burro.di arachidi per 5 milioni di atmosfere, l'alta pressione darebbe vita proprio a dei diamanti. Tuttavia l'esperimento, nonostante fosse riuscito, dava vita a gemme davvero piccole; inoltre, dato l'alto costo per metterlo in pratica, veniva a costare più del diamante stesso. Resta però una scoperta davvero unica e sensazionale!

Masticare chewing gum ti fa venire voglia di cibo ipercalorico

Da una ricerca scientifica dell'Ohio State University su 44 volontari, emerge una particolare e interessante scoperta sul chewing gum. Come spiega Christine Swoboda, coautrice dello studio, le gomme da masticare fanno diminuire la voglia di cibi salutari come frutta e verdura. All'interno del chewing gum dal caratteristico sapore di menta, secondo la ricerca, è presente una sostanza chimica che va a intaccare il gusto delle verdure e della frutta. Se infatti li mangiamo subito dopo una gomma da masticare alla menta, questi cibi ci appariranno estremamente salati e, in generale, dal gusto sgradevole. Al contrario, masticare un chewingum induce la gente a preferire dei cibi ipercalorici e più dolci. È lo stesso principio del dentifricio alla menta. Prova a lavarti i denti e subito dopo a bere un succo d'arancia. La particolare sostanza "mentosa" del dentifricio ti farà sembrare il tuo succo aspro, un po' salato, ma in generale estremamente sgradevole. Non sentirai più il vero sapore del succo di arancia!

Perché ci sono dei fori sui cracker?

Chi non conosce i cracker? Spesso sono una veloce e pratica merenda se stiamo in giro e abbiamo bisogno di qualcosa da stuzzicare per placare la fame. Ma vi siete mai chiesti perché questi biscottini salati hanno solitamente dei buchi? Questi forellini sono stati fatti per evitare che durante la cottura si formino delle bolle di lievitazione. Tramite i buchi il vapore fuoriesce, e così il cracker mantiene la sua forma piatta e lineare invece di gonfiarsi come un biscotto. Infine, quei buchetti che vedi sui tuoi cracker li aiutano anche a mantenersi così croccanti. Pensa che possono cambiare anche il numero di fori e la loro posizione sul biscotto. Quando i forellini sono molto distanti tra loro si formeranno delle piccole bolle d'aria sul cracker, se invece sono estremamente vicini i cracker appariranno secchi e duri, perché è fuoriuscito troppo vapore.

Cosa contiene l'hamburger del tuo fast food?

Sapevi che nell'hamburger del tuo panino possono esserci più di 100 carni di bovini diversi? Lo dichiara un'importante filiera: Mac Donald's. La carne del tuo panino infatti non proviene da un'unica mucca, ma è l'insieme di tantissime carni diverse appartenenti, per l'appunto, ad almeno un centinaio di esemplari diversi.

Mac Donald's infatti sostiene che la sua carne arrivi da ben 16.000 allevatori locali diversi, e che in ogni caso sia carne 100% bovina. Il protocollo prevede di mescolare la carne proveniente da tutti i lotti: quindi in ogni singolo hamburger possono capitare carni da più di cento mucche diverse. Tuttavia, per la sicurezza, ogni carne è tracciata: anche se mescolata si può risalire al suo lotto e al suo allevatore. Gli obiettori però sostengono che anche se si può risalire ai lotti di origine questi sono comunque centinaia. In questo modo diventa estremamente difficile e complicato andare a risolvere eventuali problematiche sanitarie in maniera tempestiva.

La "surprised pie": torta inglese con la sorpresa

Non è una vera festa senza una torta! Dovete sapere però che nell'Inghilterra del 1500 venivano realizzate torte davvero "sorprendenti". Nello specifico parliamo della Surprised Pie. Questo particolare dolce conteneva una singolare sorpresa al suo interno: un animale vivo! Quando la si tagliava, infatti, da questa Surprised Pie non usciva fuori la ragazza dei tuoi sogni o il tuo cantante preferito⋯ ma molto probabilmente un volatile starnazzante o un altro animaletto! Era un'usanza tipica della borghesia inglese. Al giorno d'oggi vengono ancora realizzate le Surprised Pie ma invece degli animali vivi si preferisce inserire all'interno sorprese più piacevoli come un goloso ripieno.

Il cibo più rubato al mondo

Forse molti di voi punteranno sul cibo spazzatura, caramelle, pizza, carne o merendine eppure, udite udite, è il formaggio il cibo più rubato al mondo! A riportare questa curiosa statistica è il Centre for Retail Research che vede il formaggio come il bersaglio preferito dai ladri di supermercato. Non è finita qui però! Furono rubate anche quantità di formaggio per migliaia di dollari. Un esempio di furto record ci fu in Inghilterra allo Yeovil Show nel Somerset. Qui erano date in premio due forme di formaggio del valore complessivo di 2000 $. Purtroppo entrambe furono rubate poco prima dell'evento. Il proprietario mise anche un annuncio con una ricompensa per ritrovarle, ma senza successo. Un altro furto da record ci fu in un magazzino del Wisconsin. I rapinatori di formaggio ne rubarono una quantità da capogiro: 160.000$! Purtroppo questi prodotti, spesso d'eccellenza, vengono poi rivenduti al mercato nero, intaccando così sia la qualità che il marchio. Uno tra i formaggi più presi di mira da questi ladri è proprio il nostro Parmigiano. Molto spesso rapinato o contraffatto da gente senza scrupolo!

Chi inventò il primo sandwich?

Sapevi che i sandwich furono inventati da un giocatore d'azzardo? Siamo in Gran Bretagna nella prima metà del 700. Proprio così, pare si trattasse di un conte, per l'appunto il "Conte di Sandwich". Il nobile, essendo incallito giocatore, non poteva alzarsi dal tavolo per prepararsi da mangiare: pertanto inventò il famoso paninetto ripieno che tutt'oggi conosciamo. Altri affermano che il conte era un impegnato lavoratore sempre alla scrivania con le sue scartoffie, e appassionato di golf oltre che di giochi a carte. Sempre per lo stesso motivo durante tutti i suoi impegni gli era difficile fermarsi per pranzo, pertanto realizzò il primo sandwich. Lo snack da lì si diffuse poi in tutto il mondo. In italiano questo panino prende il nome di "tramezzino". Questo nome lo dobbiamo al poeta Gabriele D'Annunzio. Pensò di chiamarlo tramezzino da "tra mezzo", ovvero qualcosa da mangiare tra due momenti. In effetti tuttora il sandwich è molto amato per fare uno spuntino durante le pause. Nel 1925 al caffè Mulassano fu servito in Italia il primo "tramezzino italiano". Il pane era servito con fette farcite triangolari e senza crosta.

Il pepe come bene di lusso

Eccovi una curiosità su una spezia che tutti conosciamo molto bene: il pepe nero. Dovete sapere che nel Medioevo questi piccoli granelli così scuri erano considerati a tutti gli effetti un "bene di lusso". Erano così pregiati che con dei granelli di pepe ci si poteva pagare cose molto importanti come l'affitto o le tasse.

CURIOSITÀ ANTROPOLOGICHE: USANZE E PARTICOLARITÀ DI POPOLI CHE FORSE NON CONOSCEVI

I Cuiva non soffrono lo stress

La maggior parte di noi si lamenta sempre perché si tende a trascorrere troppo tempo a lavorare e a fare sempre tutto di corsa. Vorremmo trovare più tempo per rilassarci con gli amici e goderci di più i momenti con la nostra famiglia. Sapevate che esistono popolazioni che lavorano molto meno tempo di noi? Ebbene sì! In Venezuela e in Colombia vive la tribù dei Cuiva. Il loro orario lavorativo conta davvero poche ore in una settimana (in media tra le 15 e le 20 ore totali) per procurarsi ciò di cui necessitano. Proprio per questo hanno molto più tempo a disposizione per godersi le giornate in relax e trascorrere ore piacevoli su delle enormi amache tutti insieme.

Lasciate un po' di miele alla tigre!

Nel mondo esistono moltissime popolazioni indigene che hanno una conoscenza di alcuni animali veramente incredibile e senza paragoni, e sono in grado di avere con loro relazioni uniche e sorprendenti. In India ad esempio i membri della tribù dei Soliga tutte le volte che raccolgono il miele dagli alti rami degli alberi, non lo prendono tutto per sé. Una parte infatti viene lasciata a terra e viene messa a disposizione delle tigri. Perché viene lasciato un po' di miele anche per le tigri? Perché per i Soliga questi animali non solo hanno difficoltà ad arrampicarsi sugli alberi, ma anche perché vengono considerati membri della famiglia.

L'importanza della condivisione

In Africa, precisamente nello stato della Tanzania, vivono gli Hadza, una piccola tribù molto particolare. Pare che non abbiano riti religiosi, inoltre non hanno leader o capi ufficiali, non festeggiano compleanni e non contano lo scorrere del tempo. Oltre a queste cose un po' bizzarre, però, gli Hadza danno moltissima importanza al valore dell'uguaglianza e della generosità. Per loro donare quello che si ha senza aspettarsi di avere qualcosa in cambio è considerato una specie di obbligo morale, e se si possiedono più beni di quelli che servono bisogna sempre condividerli con gli altri.

L'albero della nascita

In Indonesia, sull'isola di Sumatra, vive il popolo indigeno degli Orang Rimba, che in lingua bahasa vuol dire popolo della foresta. Ogni volta che nasce un bambino, il suo cordone ombelicale viene seppellito nella terra e in quel preciso punto viene piantato un albero. In questo modo il bambino instaura un legame profondo e sacro con quell'albero che dura per tutta la vita. Ogni membro degli Orang Rimba è tenuto a difendere e a proteggere il suo albero dall'abbattimento o dalla caduta. Se questo albero viene tagliato è come se si stesse commettendo un omicidio!

I mille usi delle piante

Il popolo degli Yanomani è considerato espertissimo per quanto riguarda la botanica e ogni giorno usa più o meno 500 tipi di piante diverse, che vengono utilizzate per tantissime cose: ad esempio per edificare case o per costruire armi come le frecce. Gli Yanomani sanno poi riconoscere le piante più adatte da trasformare in combustibile o addirittura in funi per ancorare le barche o per fabbricare amache o portaoggetti. Alcune vengono anche adoperate per colorare o dipingersi il viso, oppure come farmaci, veleni, profumi e altro ancora. Un'altra curiosità sugli Yanomami riguarda la caccia: pare che loro non si cibino mai delle prede che hanno catturato, ma che addirittura le regalino agli altri. Tutti mangiano il cibo che è stato cacciato dagli altri per rafforzare la condivisione e lo spirito della loro comunità.

Mai "graffiare" Madre Terra!

La tribù indiana dei Baiga (che in italiano vuol dire ''uomini esperti di medicina'') è famosa per i suoi tatuaggi, per lo stretto rapporto che ha con la natura circostante ma soprattutto perché ha ispirato ''Il libro della giungla'', il celebre romanzo di Rudyard Kipling. Questa popolazione pensa che passare l'aratro su un campo coltivabile sia offensivo nei confronti della Madre Terra perché è come se la si stesse graffiando. I Baiga ritengono che il loro Dio abbia creato la natura e la foresta per donare agli uomini tutto quello di cui hanno bisogno, quindi sta all'uomo usare l'intelligenza e la saggezza per andare a cercare ciò che gli serve senza ricorrere all'agricoltura. Per i Baiga solo le persone poco sagge dovrebbero coltivare per riuscire a sopravvivere.

La natura è la migliore tecnologia

Nell'arco dei secoli i popoli indigeni hanno sviluppato capacità incredibili e tecnologie straordinarie uniche nel loro genere, non solo per riuscire a sopravvivere negli ambienti più difficili della Terra, ma anche per vivere in modo più sostenibile e nel rispetto della natura. In Malesia il popolo dei Penan ha messo a punto una tecnica assolutamente ingegnosa per pescare in modo sostenibile, senza arrecare danno all'ambiente, ma soprattutto senza usare la canna e l'amo. I Penan utilizzano infatti delle <u>TOSSINE</u> estratte da piante specifiche per stordire e paralizzare i pesci, e una volta che questi salgono in superficie i pescatori catturano solo quelli più grandi, mentre i più piccoli possono riprendersi dopo pochi minuti e tornare a nuotare. Così facendo le riserve di pesce non vengono mai danneggiate.

Un taglio da paura!

Sapevate che per tagliare i capelli non tutti i parrucchieri utilizzano forbici e pettine? In Colombia infatti vive la popolazione dei Nukak, che da sempre ha fatto ricorso a strumenti davvero insoliti e bizzarri per creare nuove acconciature. Sembrerebbe che almeno fino al 1988 (anno in cui questa tribù incontaminata ha deciso di uscire dalla foresta e presentarsi al mondo esterno) per tagliare i capelli venissero tradizionalmente usati i denti dei piranha! Assurdo, non è così? Certamente avranno avuto un taglio da paura!

Gli "uomini-parrucca"

Ci troviamo a Tari Highlands, nella Papua Nuova Guinea. Qui esiste una tribù soprannominata dei "wigmen", ovvero degli "uomini parrucca". Si tratta della tribù Huli, che conta circa 140.000 persone. Queste eccentriche "parrucche" fanno da ornamento ai cappelli degli uomini, ma sono in realtà fatte con i loro capelli! Altra usanza di questa tribù è di indossare un gonnellino di foglie, una cintura di trecce, e munirsi di un'ascia artigliata. Inoltre i componenti si dipingono il volto di giallo per incutere timore ai clan rivali. Un animale molto importante per la Papua Nuova Guinea, tanto da essere riportato anche sulla bandiera della nazione, è l'uccello del paradiso. Gli Huli in suo onore ballano una danza che ricorda tantissimo le movenze di questo uccello canterino. È una tribù che, sebbene mantenga le proprie tradizioni, si è aperta molto anche a turisti e stranieri, riuscendo a mescolare passato e vita moderna.

La danza dello scheletro

Ecco un'altra particolare tribù che abita la Papua Nuova Guinea, precisamente la provincia di Chimbu.

★Si tratta dei cosiddetti "scheletri danzanti" di Chimbu. I loro componenti dipingono infatti il loro corpo di nero come dei veri e propri scheletri, sia davanti che dietro. Gli "scheletri danzanti" devono il loro nome proprio a una curiosa danza che fin dai tempi più remoti questa tribù svolgeva per incutere paura ai nemici. È una tribù davvero remota, e poco si conosce tutt'oggi sulla loro vita. Si dà per certo che vivano sui monti fino ai 2400 metri di altitudine. Un'altra particolarità del gruppo è che nelle loro abitazioni maschi e femmine vivono separati gli uni dagli altri, pur mantenendo unite le loro famiglie. Pian piano la tribù si sta aprendo anche ai visitatori, e non è raro che i loro componenti accettino di eseguire l'antica e suggestiva "danza dello scheletro" come spettacolo. Questo è possibile tramite dei mediatori più integrati con il resto della tribù.

CURIOSITÀ DALLA NATURA: I FATTI PIÙ IMPROBABILI DEL REGNO ANIMALE E VEGETALE

Anche i pesci fanno le puzzette!

Forse non te lo sarai mai chiesto, ma anche i pesci, al pari degli altri animali, possono emettere flatulenza. Questo è possibile perché anche loro sono dotati di un intestino. Qui si può sviluppare del gas che poi viene espulso spesso sotto forma di membrana gelatinosa. Proprio per questo motivo, se abbiamo un acquario, non vedremo spesso bollicine risalire a galla quando i nostri pesciolini emettono puzzette. In natura però ci sono pesci che emettono flatulenze sotto forma di bollicine e che addirittura usano le puzzette per comunicare tra loro! Stiamo parlando delle aringhe. Questi pesci, infatti, riescono in questa maniera a mandare dei chiari segnali. Quando un'aringa produce una bolla di gas intestinale, questa emette un suono ad alta frequenza, in grado di richiamare l'attenzione delle altre aringhe invitandole a formare un banco compatto.

L' animale con tre cuori e nove cervelli

Questa è proprio curiosa. Ebbene si, nelle profondità marine c'è un curioso animale che ha ben tre cuori e nove cervelli.

Di chi stiamo parlando? Si tratta del polpo!

Il polpo ha il cervello principale nella testa e tutti gli altri distribuiti sui suoi otto lunghi tentacoli. I tentacoli possono infatti muoversi in maniera totalmente indipendente e autonoma proprio grazie al fatto che ognuno di essi ha dei neuroni. Inoltre questo mollusco ha anche tre cuori: i primi due pompano nelle branchie il sangue venoso, il terzo è adibito alla circolazione di questo nel resto degli organi. Non è finita qui. C'è un'altra piccola curiosità sui polpi. Durante il nuoto, infatti, il cuore di questi <u>OTTOPODI</u> smette di battere. Durante il sonno, inoltre, i polpi riescono a modificare il loro colore in base a quello che stanno sognando!

Lo sapevi che in acqua vive un "gigante"?

Parliamo di un animale enorme, il più grande al mondo. Quale sarà? Alcuni di voi penseranno all'elefante, altri alla giraffa, o magari al rinoceronte. Ebbene no: l'animale più grande del pianeta vive in acqua e si tratta di un cetaceo. Parliamo della balenottera azzurra o "Balaenoptera musculus". Questo animale ha rischiato purtroppo l'estinzione per colpa dell'uomo. Oggi è infatti una specie protetta e si può avvistare con molta meno frequenza rispetto al passato. Alcuni esemplari sono stati avvistati tra la Patagonia e l'Antartide. Il loro habitat sono gli oceani: Atlantico Settentrionale, Pacifico e Indiano. Sono oceani dalle temperature fredde e sono preferiti dalle balenottere perché possono trovarvi il loro cibo preferito: il krill (creaturine marine invertebrate).

Questo enorme cetaceo è considerato il più grande al mondo per i suoi 30 metri di lunghezza e le sue 150 tonnellate di peso. Anche i piccoli di balenottera azzurra sono dei veri e propri giganti. I cuccioli pesano infatti 2,5 tonnellate e sono lunghi già ben 8 metri. Come molti cetacei, anche la balenottera ha uno sfiatatoio sul capo dal quale spruzza l'acqua. Questi spruzzi possono raggiungere l'altezza di 9 metri! Inoltre sono degli animali molto veloci nel nuoto. Possono raggiungere infatti i 50 km/h.

Le tartarughe che respirano dal posteriore

Vi vedo che state per ridere a crepapelle. Eppure, dovete sapere che le tartarughe sono probabilmente gli unici animali che riescono a respirare anche dal loro posteriore. Questi rettili hanno come tanti altri animali sia una bocca che dei polmoni che utilizzano per la respirazione. Eppure, alcune specie di tartaruga preferiscono incamerare ossigeno da un'altra via. Questo accade principalmente perché questi rettili hanno una corazza molto spessa e pesante, soprattutto negli esemplari di terra, con dei carapaci abbastanza ingombranti. Due delle specie principalmente conosciute per questa bizzarra respirazione sono l'australiana Fitzroy River e la testuggine palustre del Nord America.

I maschi di cavalluccio marino portano avanti la gravidanza

Ecco un'altra straordinaria curiosità dal regno animale. Parliamo dei cavallucci marini, così carini e graziosi: vi sarà capitato di vederli (purtroppo) nei grandi acquari, o se siete stati fortunati negli oceani.

Il maschio di questo curioso animaletto aiuta a tutti gli effetti la compagna nella riproduzione.

Nel suo ventre, infatti, si crea una specie di sacca dove la compagna depone le uova una volta fecondate. Queste rimarranno nella sacca con "il papà" dalle due alle otto settimane. L'evento particolare è che proprio il maschio di IPPOCAMPO darà alla luce i piccoli. Il papà ha infatti la capacità di partorire fino a 1000 cuccioli di cavalluccio marino, della lunghezza di 7 millimetri ciascuno.

Castori: "produttori" di vaniglia

I castori sono animali che vivono negli stagni. Hanno dei grossi dentoni per rosicchiare il legno e sono degli abili "ingegneri" e costruttori di dighe. Sono dotati di grandi code che utilizzano per vari scopi: per avvisare i loro simili della presenza di un nemico, come un timone mentre nuotano, e come contrappeso se devono sollevare cose pesanti come ad esempio i tronchi d'albero. Nell'era glaciale i castori erano degli animali molto grandi e si sono poi rimpiccioliti con l'evoluzione. I maschi sono inoltre dei grandi romanticoni e amano una sola compagna per tutta la vita. Quando si innamorano di una castorina iniziano a fabbricare una nuova diga: qui creeranno il nido dove andrà poi a vivere la nuova famigliola. Una cosa che forse non sapevi è che questi simpatici roditori odorano di vaniglia. In realtà i castori sono in grado di produrre, sotto la coda, una sostanza chimica detta "Castoreum", che profuma proprio di vaniglia. Questo composto chimico completamente naturale, in quanto prodotto dagli animali, viene utilizzato anche come aroma. È stato approvato, infatti, dalla FDA che lo definisce a tutti gli effetti un aroma alimentare.

Animali monogami: insieme per sempre

Sapevi che la monogamia non è un'invenzione umana, ma al pari della poligamia (il suo contrario) esiste perfettamente in natura?

Devi sapere che ci sono animali che quando scelgono il loro compagno, o la loro compagna, lo fanno per tutta la vita. Questa è la monogamia. Alcuni scelgono di accoppiarsi solo con il proprio partner, come i pipistrelli; altri invece di costruirsi anche una vera famiglia e dividersi i compiti per allevare la prole e procurarsi il cibo, come i lupi grigi. Forse non lo sapete ma sono tante le specie animali fedelissime! Tra queste c'è anche un animale spesso sottovalutato, e che probabilmente vedrete ogni giorno nelle vostre piazze: il piccione. Il maschio di questo volatile cittadino ci mette del tempo per trovare la giusta compagna. Per lei mette in atto un lungo corteggiamento meticoloso e dettagliato. Solo dopo essersi "fidanzati" la coppia può dirsi stabile e pronta per l'accoppiamento. Se la femmina acconsente e si sente pronta per avere dei pulcini inizia a beccare il becco del maschio. Quest'ultimo a sua volta, per accettare la proposta, offre alla sua compagna del cibo direttamente dalla bocca. Un po' come fanno le mamme uccello per imboccare i piccoli. Altri animali molto romantici e fedeli sono i cigni. Questi uccelli rimangono insieme per sempre una volta in coppia. Sono anche molto territoriali e si dedicano entrambi alla cura della prole. Anche alcuni rapaci sono monogami, come l'aquila calva e i gufi. Entrambi formano una coppia che dura tutta la vita. Sono ottimi genitori, pronti a sacrificare anche la loro vita per difendere i loro piccoli da predatori più grandi.

Lo sapevi che i delfini si sballano?

I delfini sono degli animali davvero intelligenti e molto particolari. Devi sapere che questi mammiferi marini amano sballarsi. Per farlo utilizzano il veleno del pesce palla. Questo pesce per difendersi dai nemici produce una tossina gassosa che se inalata in abbondanza crea un effetto narcotico. Funziona al pari di una droga. I delfini, invece di averne timore, adorano questa tossina. Per far sì che il pesce palla la produca, iniziano a lanciarsi tra di loro "la preda", spingendolo con il muso, proprio come una palla. Una volta che il povero pesce palla ha rilasciato la sua tossina in acqua, i delfini se ne inebriano, entrando quasi in uno stato di trance. I bizzarri cetacei iniziano a provare uno stato di benessere e si lasciano trasportare dall'acqua galleggiando quasi fino in superficie. I delfini possono "giocare" con un pesce palla anche per mezz'ora, continuando a lanciarselo l'un l'altro anziché mangiarlo subito come fanno con altre specie che catturano. Questo secondo gli scienziati va a confermare il fatto che al delfino piaccia davvero molto "sballarsi" in questa maniera.

Macachi alle terme

Sapevi che non solo gli esseri umani amano andare alle terme per rilassarsi? I macachi giapponesi sono dei veri e propri amanti del relax. Essi usano delle meravigliose sorgenti naturali, vere e proprie terme a cielo aperto di acqua calda, sia per riscaldarsi che per passare una giornata piacevole e rilassante. C'è un luogo nello specifico, in Giappone, che per queste scimmiette è davvero un eden. È chiamato "Valle dell'Inferno" e qui i macachi vivono da secoli sfidando anche intemperie e condizioni climatiche difficili. Si trova a 850 metri di altitudine, non lontano dalla prefettura di Nagano. È un luogo pieno di "onsen", che in giapponese significa per l'appunto "sorgente termale". Qui i macachi, conosciuti anche come "scimmie delle nevi", passano la loro giornata tra un bagno caldo e una divertente e dispettosa partita a palle di neve, incantando i visitatori che si sono spinti fino sul monte per fotografarli.

Come dormono le giraffe?

Le giraffe sono animali stupendi e altissimi, dal lungo collo, che vivono nella savana nutrendosi di foglie e vegetali. Vi siete mai chiesti però come fanno per dormire? Vederle accoccolate e rannicchiate per un riposare è infatti davvero raro! Le giraffe infatti dormono in piedi. Dormire a terra accovacciati è troppo pericoloso se si vive in un luogo pieno di predatori come leoni, ghepardi, iene... Questi erbivori possono concedersi al massimo cinque minuti rannicchiati su loro stessi per poltrire. Poi devono tornare necessariamente in posizione eretta per salvarsi la pelle! Le giraffe sono i mammiferi che hanno meno bisogno di dormire di tutti. A loro basta mezz'ora di sonno al giorno per ricaricarsi. Pensate che fino al 1950 gli scienziati pensavano che questi animali non dormissero per nulla! Proprio perché i ricercatori non le vedevano mai appisolarsi. Hanno anche bisogno di poca acqua. Riescono a resistere senza bere dai 3 ai 5 giorni. SI idratano soprattutto mangiando determinate piante. Questo è un vantaggio perché abbeverarsi a una pozza d'acqua sarebbe nuovamente molto pericoloso per una giraffa.

★ Il loro lungo collo le costringerebbe ad abbassarsi e a essere poco scattanti in caso di attacco da parte di un predatore.

CURIOSITÀ SULLA STORIA: FATTI STORICI DI CUI PROBABILMENTE NON SEI A CONOSCENZA

La moda tossica dell'epoca vittoriana

Sembrerà un curioso modo di dire eppure la moda in epoca vittoriana era davvero tossica. Ci troviamo in Inghilterra. Vestirsi poteva avere diversi pericoli: tessuti facilmente infiammabili, copricapi velenosi, cosmetici pieni di piombo, corsetti e bustini che toglievano il fiato, colori tossici. Essere alla moda era in quegli anni un vero e proprio rischio che poteva costar la pelle. Le donne soprattutto erano solite portare delle enormi gonne in <u>CRINOLINA</u>. Delle testimonianze curiose dicono che le donne che le indossavano potevano compiere furti più facilmente. C'erano però anche degli inconvenienti: in una giornata ventosa il vento poteva completamente capovolgere le gonne con la loro struttura e mostrare la biancheria intima, riempiendo le donne di vergogna.

Un'altra pericolosità della crinolina era che rimaneva spesso impigliata nelle ruote delle carrozze e che prendeva fuoco facilmente. Si racconta che una donna dell'epoca, Frances Appleton Longfellow, bruciò viva perché il suo abito aveva preso fuoco: le fiamme divamparono in una maniera così veloce che non ci fu tempo di spegnere l'incendio. Gli abiti lunghi che venivano utilizzati dalle signore dell'epoca, inoltre, si sporcavano facilmente per strada infangandosi di melma e sterco. Diffondevano così un'enorme quantità di germi e batteri da un luogo all'altro, portando anche malattie nelle abitazioni.

Un'altra curiosità spaventosa riguarda il colore verde. Nell'epoca vittoriana il chimico Carl Wilhelm Scheele inventò un pigmento verde mescolando arsenico bianco, potassio e vetriolo al rame. Una sostanza altamente tossica e pericolosa che però venne ribattezzata con entusiasmo "Emerald green" (verde smeraldo). Divenne così famoso che la gente non si limitava a tingere solo gli abiti ma lo utilizzava anche per dare colore a candele, giocattoli e persino caramelle. Pensate che il "British Medical Journal" affermò che le donne che indossavano un abito verde potevano uccidere decine di persone durante i balli di gala. Tuttavia nessuna di loro, nonostante gli avvertimenti dei medici e della scienza, smise di indossare il verde all'arsenico. Il colore era amato e considerato estremamente bello e avvenente.

La storia della pizza Margherita

La pizza piace proprio a tutti! Quando parliamo di pizza viene subito appetito, e pensiamo immediatamente al suo gusto inconfondibile, ai suoi colori e al suo sapore irresistibile. È il piatto italiano più rappresentativo della nostra nazione e da moltissimi anni ha conquistato anche tutto il resto del mondo. La pizza ha una lunga storia che risale addirittura ai tempi degli Egizi e degli antichi greci. Ma la pizza come la conosciamo oggi nasce a Napoli nel 1738, anno in cui venne usato per la prima volta il pomodoro. Nel 1889 il re Umberto I e la regina Margherita si recarono in visita a Napoli, curiosi di provare il piatto tipico della città. Sembra che la regina apprezzasse molto la pizza condita con mozzarella, basilico e pomodoro. Avete notato anche voi che i colori di questi tre ingredienti sono gli stessi della bandiera italiana? Da allora la pizza con questa combinazione di condimenti prese il nome di "pizza margherita", che ancora oggi è la preferita di tutti e la più diffusa al mondo. Non vi è venuta una certa fame?

Chi ha rubato davvero la Gioconda?

La Gioconda di Leonardo Da Vinci, con il suo volto delicato e l'enigmatico sorriso, è forse il quadro più famoso di tutti i tempi e tra i più rappresentativi dell'Italia. Leonardo lo dipinse a Firenze e successivamente lo portò con sé in Francia nel 1516, quando il re Francesco I gli propose di lavorare per lui. Il quadro venne poi acquistato dal re e divenne da questo momento proprietà della Francia a tutti gli effetti. Il 21 agosto del 1911 venne rubato dal Museo del Louvre nella città di Parigi, in Francia. A rubarlo non fu certo il celebre ladro Arsenio Lupin, bensì un imbianchino italiano che lavorava nel museo. Poiché riteneva che la Gioconda appartenesse alla nostra nazione, decise di nasconderlo sotto al cappotto e di rubarlo dal Louvre, dopodiché lo portò a casa sua nella cittadina di Luino e per un paio d'anni lo tenne appeso in cucina. Intanto in Francia e nel resto del mondo si continuava a cercarlo disperatamente. Trovandosi in difficoltà economiche, l'imbianchino volle liberarsi del quadro e si recò a Firenze per provare a rivenderlo a due importanti antiquari della città. Fu così che la Gioconda venne subito riconosciuta e recuperata, mentre l'imbianchino venne catturato e arrestato dalla polizia. Il furto contribuì a rendere il quadro ancora più famoso in tutto il mondo.

Chi scrisse per primo il proprio nome?

A scuola tutti noi abbiamo imparato che in Mesopotamia i sumeri inventarono la scrittura circa 5000 anni fa. Ma chi fu la prima persona della storia a scrivere il proprio nome? I sumeri erano soliti scrivere incidendo dei segni su delle tavolette di argilla, e su una di queste è stato trovato un nome: Kushim! Yuval Noah Harari, famoso storico israeliano, ipotizza che quest'uomo fosse uno scriba che si occupava di registrare le quantità di orzo. In quei tempi infatti la scrittura era usata per lo più per calcoli o per catalogare informazioni di tipo commerciale. Kushim diventò così il primo nome scritto nella storia. La cosa particolare è che non abbiamo di fronte un re o un imperatore, ma appunto un semplice cittadino impiegato. Lo stesso nome è stato ritrovato in altre 12 tavolette.

Uta di Naumburg: la più bella del reame

Avete presente la regina cattiva del cartone animato di Biancaneve? Bene, ora vi diremo chi ha ispirato le sembianze della famosa antagonista. Durante gli anni trenta il gruppo di disegnatori che lavorava per Walt Disney stava per realizzare quello che sarebbe poi diventato il primo lungometraggio animato della storia del cinema. Scegliere che volto dare alla regina Grimilde è stato davvero difficile. Dopo aver buttato giù numerosi schizzi, il disegnatore e regista Wolfgang Reitherman parlò con Walt Disney e gli consigliò di recarsi in Germania, precisamente a Naumburg, dove si trova una cattedrale piena di statue e sculture. Una di queste era quella della bellissima Uta, una nobile donna tedesca vissuta intorno all'anno 1000. Inutile dirvi che l'idea venne subito accolta con entusiasmo da tutti. Il volto e l'abbigliamento di Uta vennero immediatamente presi come modello per la caratterizzazione del personaggio della regina cattiva, che da quel momento sarebbe stata chiamata con il nome di Grimilde. Grazie al cartone di Biancaneve la statua di Uta è diventata famosa in tutto il mondo.

Il primo giornale della storia

I giornali fanno ormai parte della nostra quotidianità, ce ne sono di vari tipi e ci informano su tutto quello che accade nel mondo. Ma a quando risale il primo quotidiano della storia? Senza ombra di dubbio dobbiamo collegare la diffusione del giornale alla nascita di un'invenzione precisa: la stampa a caratteri mobili. Questa è avvenuta nel 1450, precisamente in Germania, ad opera di Johannes Gutenberg. Grazie a questa rivoluzionaria invenzione presero a circolare in tutta Europa libri, notiziari, quotidiani e fogli di ogni tipo, stampati tutte le volte che si volevano informare i cittadini di una importante novità.

Il primo giornale moderno risale al 1650, nacque a Lipsia in Germania e il suo nome era "Leipziger Zeitung". Il primo quotidiano italiano è invece la famosa "Gazzetta di Mantova" del 1664. Eppure possiamo dire che una specie di giornale è esistito addirittura alcuni secoli prima, ai tempi degli antichi romani. Nel 59 a.C. infatti, a Roma nel foro romano venivano affisse le "decisioni del giorno", ovvero le notizie che informavano le persone sui fatti più importanti del giorno, e potevano parlare di guerre, di avvenimenti politici e qualche volta anche di gossip!

Perché gli antichi egizi amavano tanto i gatti?

Nell'antico Egitto i gatti erano considerati animali sacri e per questo motivo erano venerati e raffigurati ovunque. Dai dipinti alle statue, ogni cosa ci dimostra quanto fossero importanti per la civiltà egizia, dal punto di vista sia religioso sia culturale. Perfino Mafdet (la dea della giustizia) o Bastet (protettrice della casa e simbolo di fertilità) venivano raffigurate con le sembianze di gatto.

Come nasce questa ossessione degli Egizi per questo felino? Uno dei motivi principali era il fatto che il gatto era in grado di catturare ed allontanare topi, serpenti e parassiti che rischiavano di arrecare gravi danni alle coltivazioni. L'amicizia tra il gatto e l'uomo è nata circa 10 mila anni fa, quando con la nascita dell'agricoltura si instaurano, lungo le sponde del Nilo, i primi insediamenti umani. Il gatto, quindi, così misterioso e affascinante ma anche così legato all'essere umano, è divenuto ben presto un animale sacro, simbolo di protezione e prosperità. Inoltre era tradizione imbalsamare i gatti, mummificarli e metterli vicino alle tombe dei re e dei faraoni per proteggerli e vegliare su di loro nell'oltretomba.

Il cartone animato più vecchio della storia del cinema

Sebbene Biancaneve di Walt Disney sia il primo lungometraggio animato della storia, non è il primissimo cartoon ad essere stato realizzato. Il primo film animato si intitola "Fantasmagorie", venne realizzato da Emile Cohl e fu proiettato in Francia il 17 agosto del 1908. Nei secoli precedenti, già prima dell'invenzione del cinema, erano stati fatti numerosi esperimenti riguardanti il mondo dell'animazione. Pensiamo ad esempio alle ombre cinesi, allo zootropio, al teatro ottico, al cinetoscopio o alla lanterna magica, tutti dispositivi ingegnosi e in qualche modo necessari per l'avvento prima del cinema e poi dei film d'animazione. Fantasmagorie dura in totale due minuti e non ha una vera e propria trama: ha come protagonisti un pagliaccio ed un gentiluomo rappresentati in modo stilizzato e ci sono tanti oggetti diversi che si trasformano, ad esempio una bottiglia che diventa un fiore.

Cose che non sapevi sulle "abitudini" primitive

Il lavoro che viene svolto ogni giorno da archeologi e ricercatori grazie ai loro ritrovamenti e ai numerosi studi ci permette di sapere in modo sempre più preciso tutto ciò che riguarda la vita e le abitudini dei nostri antenati preistorici.

Sapevate che noi abbiamo molte cose in comune con gli uomini primitivi? Ad esempio anche loro possedevano animali domestici simili ai cani e ai gatti di oggi. Questi animali non erano solo utilizzati per cacciare, ma erano veri e propri membri della famiglia, e quando morivano venivano seppelliti insieme ai loro padroni. Cos'altro avevano in comune con noi? Gli studi hanno riportato che a quanto pare anche loro bevevano la birra durante le cerimonie, cucinavano piatti ricercati e prelibati per far bella figura con gli ospiti, cercavano di seguire diete equilibrate basandosi su piatti di carne e verdura, e utilizzavano coltelli e utensili fatti apposta per cucinare e per raccogliere frutta e piante.

"Forza, è ora di alzarsi!"

Come facevano le persone all'inizio del 900 ad alzarsi la mattina se le sveglie in commercio erano poche e per lo più costosissime? In Inghilterra e in Irlanda nelle città più industrializzate esisteva

lo "svegliatore". Questo mestiere insolito e assai diffuso consisteva nell'andare in giro per le case a svegliare tutte le persone che dovevano subito recarsi al lavoro. Gli svegliatori dunque si munivano di bastoni molto lunghi e bussavano ai vari portoni fin quando chi era in casa non usciva per andare a lavorare. Invece la "svegliatrice" Mary Smith girava per le strade di Londra con un tubo di gomma e lo usava come se fosse una cerbottana. La donna prendeva dei pisellini secchi e li lanciava alle finestre delle case degli operai. Si trattava di un mestiere svolto per lo più da persone di una certa età o da alcuni poliziotti che lo facevano per arrotondare lo stipendio.

Curiosità da guinness: i record più incredibili

Conoscete il guinness dei primati? Lo sapevate che al mondo ci sono uomini e donne pagati per scovare e selezionare i record più pazzi e originali del mondo? Tutte queste notizie e informazioni vengono poi raccolte. Le più originali avranno la possibilità di far parte del grande libro dei primati: il "Guinness World Records Book" (ovvero il libro dei record mondiali).

Il primo guinness partì come una semplice scommessa tra un gruppo di amici. Oggi invece è diventato un fenomeno famoso in tutto il pianeta. Pensate che il World Guinness Records Book, secondo una ricerca, è il libro più venduto nel mondo dopo la Bibbia e il Corano. Sono infatti tantissimi i record curiosi e improbabili che vengono decretati ogni anno. Andiamo a vederne insieme alcuni tra i più originali. Alcuni di questi sono stati vinti anche nella nostra bellissima Italia.

L'installazione da record di Star Wars fatta con i Lego

A Chicago, nel 2019, si è tenuta la più grande installazione lego a tema Star Wars. Con più di 35.000 statuine è stato composto un gigantesco casco da Stormtrooper.

Gli Stormtrooper, se non avete ancora avuto modo di vedere Star Wars, sono i combattenti dell'Impero Galattico che scesero in campo durante la famosa Guerra civile galattica. Questa particolare opera in lego è state realizzata in ben 38 ore di lavoro, con l'aiuto di 13 persone, alla "Star Wars Celebration" del 2019.

Il surfista che ha cavalcato l'onda più grande del mondo

Siamo nel novembre del 2017. È un ragazzo brasiliano di 39 anni ad accaparrarsi questo record fenomenale. Il suo nome è Rodrigo Koxa. Rodrigo è riuscito a entrare nel guinness dei primati per avere fatto surf su un'onda altissima: pensate, di 25 metri. È stata un'impresa eccezionale. Il ragazzo brasiliano ha così superato il record precedente. Nel 2011 era stata registrata infatti un'onda di soli 23 metri in altezza.

Il gattino ereditiero più ricco del mondo

Il suo nome è Blackie ed è un simpatico gatto diventato il più ricco felino al mondo. Questo dopo aver ereditato, dopo la morte del suo affezionato padrone nel 1988, ben 12,4 milioni di dollari. Blackie è stato un gatto molto fortunato. Era l'ultimo di una cucciolata di quindici gattini e fu adottato dal suo proprietario. Questo signore decise di non lasciare i suoi averi e le sue ricchezze ai familiari. Egli decise invece di intestare tutto il suo patrimonio al gatto e, ovviamente, alle persone e alle associazioni che avrebbero continuato ad occuparsi del suo amato Blackie dopo la sua morte.

Dolci da record

Parliamo un po' di dolci da record.

Sapevi che a Milano è stato sfornato un panettone da record, il più grande del mondo, tanto da entrare nel libro dei guinness dei primati? Questo dolce è alto 1 metro e 50 centimetri. Il suo diametro è di 115 centimetri. Per preparare questo enorme panettone sono servite circa 100 ore di lavorazione, ed è stato poi ufficialmente sfornato nel dicembre del 2018.

★Rimaniamo sempre in tema dolci: siamo a Napoli, questa volta per un altro golosissimo record…la zeppola di San Giuseppe più grande del mondo! Il dolce è stato preparato per la ricorrenza della festa del papà del 19 marzo 2019. L'autore di questo record è lo chef Stefano Avellano. Stefano è riuscito ad entrare nel libro più importante dei record mondiali soprattutto grazie a una superba particolarità: una copertura di 25 kg fatta in crema e amarene. La zeppola di San Giuseppe più grande al mondo raggiunse il peso di 84 kg e oltre un metro di diametro. Una vera leccornia.

Infine un altro record golosissimo tutto italiano, questa volta però a Latina, nel Lazio, riguarda il profiterole. Nel settembre 2019, in questa cittadina si riuscì a battere il primato degli Svizzeri, raggiunto a marzo 2019, del profiterole più grande del mondo. Il dolce, composto nella città svizzera di Airola, pesava "soli" 230 kg. Il record passò poi all'Italia grazie a un maestoso profiterole di 430 kg. Il profiterole è un golosissimo dolce al cucchiaio. È composto da bignè ripieni alla crema, ricoperti poi da glassa al cioccolato. Per entrare nel libro dei record mondiali a Latina venne allestito un profiterole di ben 9.000 bignè, riempiti con 200 kg di crema chantilly, con una copertura di cioccolato da 200 kg.

La più grande casa costruita con le carte da gioco

Questo record fu vinto da Bryan Berg nel 1992. Bryan costruì con le sue carte da gioco una casa di 75 piani. Per costruire la casetta di carte più alta al mondo utilizzò nella sua performance 91.800 carte. L'altezza della struttura era di 7 metri e 71 centimetri. Sempre il signor Berg, questa volta nel 2007, riuscì a battere il suo stesso folle record. Ci riuscì costruendo una casa altissima di carte da gioco di ben 7 metri e 86 centimetri. Nel 2012 rivelò in un video anche alcuni trucchetti che aveva utilizzato nella sua impresa da record.

Il più grande frullato al cioccolato espulso dalle narici

Questo è davvero un record bizzarro vinto da Gary Bashaw Jr nel 1999, in agosto. Il protagonista di questo guinness è un frullato al cioccolato o, come lo chiamano gli americani, "milkshake". Gary incorpora nella sua bocca una grande quantità di frullato e poi lo fa uscire dalle sue narici. I giudici hanno calcolato ben 54 ml di milkshake al cioccolato fuoriuscito dal naso del signor Bashaw. Gli assegnarono quindi un nuovo guinness dei primati: il record, appunto, per la maggior quantità di frullato espulsa dalle narici.

Le unghie umane più lunghe

Questo record viene vinto, pensate un po', da un uomo: il signor Melvin Boothe, che raggiunse nel 2009 la lunghezza di 9 metri e 85 centimetri per le sue unghie. Un record bizzarro e fenomenale. Il signor Boothe, purtroppo, non ha potuto migliorare il suo record tentando di superarlo, perché sfortunatamente morì dopo pochi mesi.

Collezioni da guinness

Siamo in Georgia, precisamente ad Alpharetta. Il vincitore di questo strano e inusuale record è il signor Val Kolpakov che nella sua abitazione conserva la collezione più grande al mondo di tubetti di dentifricio. Questa conta confezioni di pasta dentifricia proveniente da tutto il mondo, per un totale di 2037 tubetti. Un vero e proprio guinness world record che Kolpakov ha raggiunto nell'anno 2012.

Il detentore di un "magico" record vinto nel 2014 è invece il messicano Menahem Asher Silva Vargas. Questo ragazzo vinse il record per la più grande collezione dedicata a Harry Potter. La sua magnifica collezione conta, pensate un po', 3092 pezzi, e per questo riuscì a entrare immediatamente nel libro mondiale dei record.

È una donna, invece, a detenere il record per la più

grande collezione di gnomi da giardino. Si tratta di Ann Atkins, che entrò nel 2000 nel libro dei guinness dopo essere riuscita a collezionare ben 2010 gnometti. Sempre la Atkins riuscì a migliorare questo record ampliando la sua collezione: nel 2011 riuscì ad accogliere nella sua dimora ben 2042 statue di gnomi da giardino, tanto da dedicare loro una vera e propria riserva, ovvero la "Gnome Reserve". Questa fantastica collezione si trova in Inghilterra, precisamente nel Devon, contea del Regno Unito sulla penisola della Cornovaglia.

Un'altra curiosa raccolta riguarda, infine, la più grande collezione di "sorprese" e "giocattoli" del fast food. Questo primato entrò nel Guinness World Records Book nel 2014, quando Percival Lugue fece richiesta che la sua immensa collezione di giochi e sorprese del fast food fosse valutata dai giudici. Nella sua casa nelle Filippine, precisamente ad Apalit, Percival conservava in perfetto stato complessivamente 10.000 pezzi. Questi gli conferirono il record mondiale di detentore della più grande collezione al mondo di giocattoli del fast food.

La pizza più lunga del mondo

A detenere il record per la pizza più lunga del mondo erano fino al 2017 i pizzaioli napoletani, ma poi sono stati battuti! Il 10 giugno di quell'anno, a Los Angeles in California, i pizzaioli locali hanno creato una pizza lunga quasi 2 chilometri e pesante 7.800 kg. Per prepararla hanno utilizzato ben 1.600 chili di formaggio e 2.542 chili di salsa di pomodoro.

Il corso di zumba con più partecipanti al mondo

Siamo nelle Filippine, a Mandaluyong. Qui nel 2015 un gruppo vastissimo che contava 12.975 persone si riunì per praticare la zumba, ovvero la pratica che unisce movimenti di aerobica con musica di vari generi (come hip hop, salsa, merengue, mambo…). L'affollato corso di zumba di Mandaluyong fu decretato così dai giudici: "il più grande in assoluto del mondo."

CURIOSITÀ SUL CINEMA: DA HOLLYWOOD A HOGWARTS PASSANDO PER LO SPAZIO

Ma chi è questo Oscar?

Forse sai che il cosiddetto "premio Oscar" è uno dei più importanti riconoscimenti cinematografici al mondo. In realtà il vero nome di questo ambitissimo premio è "Academy Award of Merit": durante una cerimonia che si svolge ogni anno a Hollywood vengono premiati con una statuetta dorata il miglior film, i migliori attori protagonisti e secondari, la migliore regia, i migliori costumi e tanto altro. Tutti a Hollywood sgomitano per essere i primi e per stringere tra le mani il famosissimo Oscar! Ma come mai la statuetta ha questo nome? È nato quando Margaret Harrick, segretaria dell'Academy, vide per la prima volta la statuetta e sentenziò che assomigliava molto··· a suo zio Oscar.

I premiati più giovani del mondo

Nel corso della storia dei premi Oscar, molti giovanissimi attori hanno ricevuto una statuetta come migliori protagonisti (ma più spesso non protagonisti) dei film nei quali avevano recitato. Forse non sai che alcuni di loro erano talmente giovani da essere ancora bambini!

La più piccola attrice premiata con un Oscar è stata Tatum O'Neil, che nel 1974 vinse il premio per la sua recitazione nel film Paper Moon a soli 10 anni. Al secondo posto troviamo Anna Paquin, che lo vinse nel 1994, a 11 anni, come migliore attrice non protagonista nel film Lezioni di piano. Un particolare record di giovinezza nel mondo del cinema è però quello detenuto dalla piccola Mary Gibbs. La bimba era una doppiatrice nota per aver dato la voce ad alcuni personaggi Disney a soli 4 anni. Il suo primo doppiaggio però, come "voce" del piccolo Simba ne "Il Re Leone - il regno di Simba", risale al 1998··· quando aveva solo un anno e mezzo!

Harry Potter, denti grandi e la pietra filosofale

"Harry Potter e la pietra filosofale", il primo film della fortunata serie dedicata al piccolo e famosissimo mago, nasconde alcune curiosità molto interessanti. Per cominciare, la prima scena a essere girata... fu l'ultima scena del film! Quella cioè nella quale l'Hogwarts Express si allontana dalla scuola di magia. Inoltre, gli attori protagonisti furono costretti dal regista in un primo momento a indossare delle cose davvero scomode: Daniel Redcliffe, nei panni di Harry Potter, doveva portare delle lenti a contatto verdi, perché quello è il colore degli occhi del protagonista nei libri. Il ragazzo ebbe però una fortissima reazione allergica e l'idea fu scartata! Emma Watson invece, nei panni di Hermione, interpretava un personaggio che nei libri era descritto come dotato di denti particolarmente grandi. Ed ecco che il regista del film la costrinse nelle primissime scene girate a portare una scomodissima protesi dentale! Per fortuna capì che sarebbe stato impossibile per lei recitare in quel modo... e la protesi fu eliminata.

Quello che non sapevi su "Il Re Leone"

Questo fortunato cartoon della Disney uscito nel 1994 non si ispira, come tanti altri lungometraggi precedenti, a una fiaba classica... ma addirittura all'Amleto di

Shakespeare! La storia però è stata creata inserendovi molti elementi della cultura e della lingua Swahili, la più parlata nel continente africano (infatti il film è ambientato in Africa). Sapevi che il nome Simba in swahili significa proprio leone? Ed ecco il significato dei nomi di altri personaggi: Nala vuol dire "dono", Pumba "stupidotto" e Rafiki "amico". Inoltre, la filastrocca "Asante sana" che il babbuino Rafiki canta in una famosa scena è davvero una filastrocca della cultura popolare africana. Per finire, la savana e i suoi abitanti furono riprodotti con così tanta maestria dai disegnatori perché prima di mettersi al lavoro andarono a prepararsi e a rilassarsi… con un bel safari africano!

Silenzio in sala!

Qualche curiosità sulle sale cinematografiche di tutto il mondo che forse non conoscevi: lo schermo più grande del mondo si trova nel Darling Harbour IMAX Theatre di Sydney, è largo 36 metri e alto 30! Inoltre, la sala conta ben 540 posti a sedere.

I tipici snack da sgranocchiare al cinema in Cina sono i calamari essiccati, venduti in pacchetti come patatine! E per finire, la sala cinematografica più antica al mondo tuttora in attività si trova in Francia, ad Aniche: si chiama "Idéal Cinéma-Jacques Tati", ed è aperta addirittura dal 1905!

Dinosauri al cinema... con qualche errore!

Lo sapevi che alcuni dei dinosauri raffigurati nel primo film della saga Jurassic Park di Steven Spielberg, uscito nel 1993… non sono mai esistiti? O meglio, anche se esistevano davvero erano molto diversi da come furono poi presentati sullo schermo. In particolare, il velociraptor nella realtà era simile a un grosso pollo con una lunga coda ricoperta di piume, ma nel film appare come un enorme lucertolone ferocissimo e muscoloso. C'è poi il dilofosauro, che nella realtà non sputava affatto veleno come avviene nel film… e non aveva la grossa cresta color arcobaleno con la quale è stato rappresentato al cinema, ma appena una piccola protuberanza in cima alla testa.

Alieni molto brutti sul grande schermo!

Probabilmente ti sarà capitato di guardare qualche film nel quale gli alieni sbarcano sulla Terra, la conquistano, diventano amici… o nemici degli esseri umani! Ce ne sono tanti, ma l'alieno più tenero del cinema è certamente il piccolo extraterrestre E.T., ideato da Steven Spielberg e protagonista del film omonimo uscito nel 1982.

Lo sapevi che l'idea per la storia venne al regista a partire da un suo ricordo d'infanzia? Infatti, ripensò a quando da bambino aveva inventato un amico immaginario alieno per affrontare più facilmente il divorzio dei suoi genitori.

Carlo Rambaldi, esperto italiano di effetti speciali, creò l'aspetto di E.T. e lo fece, per volere del regista, il più brutto possibile. Ci riuscì incrociando le sembianze di alcuni personaggi famosi come Albert Einstein con quelle di… un carlino!

Il film horror più spaventoso della storia

Nel 2020 è stato svolto un esperimento chiamato "Science of scare" (scienza dello spavento) per decretare quale fosse il film horror più spaventoso della storia. Le "vittime" erano 250 spettatori che hanno guardato 30 film dell'orrore in una speciale stanza in cui, sotto la supervisione di un medico, il loro battito cardiaco veniva monitorato durante la visione. Il film capace di accelerare di più i battiti del cuore ha vinto il titolo di più spaventoso della storia! Si tratta di "Host", un film britannico uscito nel 2020 che racconta la storia di un gruppo di amici che deve sfuggire a un essere sovrannaturale generato durante una seduta spiritica. Il film si svolge tutto in videochiamata su Zoom ed è uscito solo in streaming, ma ha battuto perfino classici come "L'Esorcista"!

CURIOSITÀ DA INCUBO: LE FOBIE PIÙ IMPROBABILI

Koumpounofobia: la paura dei bottoni

Esistono nel mondo paure più o meno strane che scattano ogni volta che ci si trova di fronte ad oggetti o a situazioni particolari. L'origine di queste paure è da legare a fatti personali e traumatici che spesso risalgono all'infanzia. Ma quali sono quindi le <u>FOBIE</u> più assurde?

Partiamo con la koumpounofobia, ovvero la paura dei bottoni. Chi avrebbe mai detto che un oggetto così innocuo e così comune come il bottone potesse far tanta paura? Qualcuno potrebbe addirittura sorridere, eppure questa fobia in apparenza immotivata rischia di rendere le cose parecchio complicate. Chi soffre di koumpounofobia non può toccare i bottoni, non può vederli, non può averli sui vestiti e non può vederli addosso alle altre persone. La paura dei bottoni è molto diffusa tra i più piccoli ed è da attribuire alla preoccupazione dei genitori di vedere i loro figli inghiottirne uno o di vederli soffocare. Spesso questa fobia rimane anche da adulti, è legata ad un bisogno eccessivo di controllo e può causare senso di disgusto e di affanno.

Cromatofobia: la paura dei colori

Sarebbe impossibile immaginare un mondo senza colori. Eppure chi soffre di cromatofobia vorrebbe vedere tutto in bianco e nero dal momento che i colori sono causa di dolore e sofferenza. Come tutte le altre fobie, anche questa nasce dall'associazione di un colore con un fatto traumatico. Di solito questa paura si sviluppa quando si ha a che fare con colori forti e accesi. Si può aver paura di tutti i colori o di un colore in particolare. Ad esempio chi ha paura del giallo (la xantofobia, derivante dal greco xantu che vuol dire appunto giallo) non può vedere nessun oggetto di quel colore. Sembrerebbe inoltre che in molte culture e tradizioni il giallo sia un colore legato alla sfortuna e alla cattiva <u>SORTE</u>. Chi soffre di cromatofobia ha generalmente per sintomi forte ansia, tachicardia e panico irrazionale.

Kenofobia: la paura degli spazi vuoti

Vi è mai successo di trovarvi in mezzo ad un grande spazio vuoto e subito dopo di esservi sentiti a disagio e particolarmente ansiosi? Questo potrebbe essere un tipico caso di kenofobia, una delle fobie più diffuse nel mondo. Chi ha paura degli spazi vuoti non affollati prova un forte senso di angoscia e turbamento, e non importa se ci si trova in mezzo a un'enorme prateria o in una stanza vuota, perché il senso di ansia e paura potrebbe essere lo stesso. Si può così aver paura di volare in aereo ma anche di sporgersi da un balcone. Anche in questo caso le cause vanno ricercate in traumi vissuti durante l'infanzia. I sintomi di chi soffre di questa paura sono diversi e a seconda della persona possono essere più o meno gravi: panico, battito accelerato, senso di soffocamento, vertigini, nausea e mal di testa. La paura del vuoto in certi casi può essere intesa anche in senso metaforico: il vuoto dell'anima genera una profonda solitudine e nasce dal timore di non saper affrontare una situazione particolare.

Omfalofobia: la paura dell'ombelico

Che sensazioni provate quando vi trovate a guardare il vostro ombelico o quello degli altri? Vi è totalmente indifferente o provate un forte senso di disgusto e fastidio? Bene, se avete paura di toccarlo e guardarlo potreste essere affetti da omfalofobia. C'è chi ha paura del contatto diretto con quella parte del corpo, chi si agita anche solo guardandolo, chi ha l'ombelico dolorante e chi prova ansia e panico quando si lava o si fa il bagno. Tale disturbo può creare seri problemi soprattutto per quanto riguarda la sfera affettiva e sentimentale. Provate ad esempio ad immaginare una giovane madre affetta da questa fobia che ha difficoltà a medicare l'ombelico del figlio appena nato. I sintomi sono differenti in base alla gravità del disturbo, però generalmente chi ne soffre prova un forte senso di disgusto e di disagio quando si lava, quando guarda un piercing all'ombelico o quando si trova a frequentare luoghi con gente svestita come in spiaggia o in piscina. Le cause possono variare a seconda dei casi, e sono soprattutto legate a fatti dolorosi avvenuti durante la nascita, oppure sono da associare alla paura di separarsi dalla madre o dalla famiglia.

Pogonofobia: la paura della barba

La paura della barba e dei baffi è sicuramente tra i disturbi psichici più assurdi di cui soffre l'uomo, ma è anche tra i più diffusi al mondo. L'insana fobia nei confronti di un volto barbuto può dipendere da molti fattori: dalla presunta mancanza di igiene alla paura per i personaggi cattivi dei cartoni animati e delle favole per bambini (pensate ad esempio a Barbablù o al Mangiafuoco di Pinocchio).

Inoltre molti psicologi hanno notato come questa fobia si sia diffusa in modo notevole negli ultimi anni collegando la pogonofobia alla paura per i terroristi islamici caratterizzati appunto dalla barba folta. Pare comunque che la barba non stia proprio simpatica a tutti. Disprezzata da molti personaggi storici famosi come Walt Disney, bandita da certi luoghi di lavoro e oggetto di critica per motivi culturali ed estetici, la barba è da sempre stata accostata a persone trasandate, sporche, cattive e pericolose.

Numerofobia: la paura dei numeri

Sapevate che nel mondo c'è gente che ha paura dei numeri e della matematica? Sembra uno scherzo ma in realtà si tratta di una patologia molto diffusa. La paura irrazionale nei confronti dei numeri provoca un forte senso di ansia e può seriamente compromettere la vita di chi ne soffre. Evitare i numeri è praticamente impossibile dato che sono presenti ovunque nel nostro quotidiano, e questo costringe tutti quelli affetti da tale disturbo a chiudersi in casa e ad isolarsi dal mondo. Questa fobia può presentarsi per vari motivi, traumi infantili o vere e proprie esperienze negative con la matematica e l'aritmetica. L'insicurezza e la paura di sbagliare i calcoli possono generare stati di ansia e forte disagio nel numerofobico. C'è chi ha paura di un numero specifico come ad esempio il 17, il 13 o il 666, numeri legati alla sfortuna e alle credenze religiose.

Ambulofobia: la paura di camminare

Anche se è una fobia poco comune, l'ambulofobia è una patologia molto particolare e limitante. Chi ne soffre ha il terrore irrazionale di camminare o meglio ha paura di cadere e per questo evita di muovere le gambe per spostarsi. Si tratta di una fobia diffusa soprattutto tra le persone di una certa età, anche se può soffrirne chiunque. Dopo aver camminato senza alcun problema per tutta la vita, può succedere che un individuo a seguito di una operazione, di una caduta o di un terribile incidente possa provare una forte insicurezza, tale da impedirgli di muoversi a meno che non lo faccia con l'aiuto ad esempio di un bastone o di un qualsiasi supporto. C'è chi ha paura di camminare su qualsiasi tipo di superficie o chi si sente talmente vulnerabile e insicuro da non allontanarsi mai da casa.

Tricofobia: la paura dei buchi

Se vi è mai capitato di terrorizzarvi alla vista di oggetti con buchi e cavità allora siete tricofobici. Chi soffre di questo disturbo prova un senso di avversione e paura incontrollabile appena vede ad esempio un alveare, un abito con fantasie a pois o una spugna da bagno. Insomma, tutto ciò che ha buchi, fori e protuberanze può spaventare da morire e causare reazioni imprevedibili. Più buchi ci sono e più forte è la paura. Si tratta di una patologia davvero diffusa, eppure se ne sa molto poco ed è oggetto di studio a livello internazionale. Gli studiosi tendono a distinguere la fobia dalla paura: se la fobia è un terrore eccessivo nei confronti di qualcosa di realmente innocuo e che non provoca danni fisici, la paura è invece una reazione normale e istintiva che nasce di fronte a un pericolo o a qualcosa di minaccioso. A questo punto perché il tricofobico ha paura dei buchi? Forse si tratta di un meccanismo istintivo di difesa verso qualcosa che richiama le squame dei serpenti, le malattie infettive o i nascondigli di animali pericolosi.

Cherofobia: la paura della felicità

Se parliamo di Cherofobia a molti di voi verrà in mente il titolo di qualche tormentone musicale famoso uscito qualche anno fa. Ma che cos'è veramente la paura della felicità e perché la si dovrebbe temere? Nel mondo ci sono persone che hanno paura di essere felici e di vivere emozioni intense. Provare gioia ed entusiasmo può essere visto come momento di debolezza e di vulnerabilità.

Il cherofobico tende a difendersi da queste emozioni. Chi soffre di questo disturbo vede la felicità come una minaccia e questo può causare stati di ansia e di agitazione. Il procedimento logico che viene fatto è questo: se sei felice stai attento perché potresti soffrire molto presto. Il cherofobico ha paura che la propria felicità possa prima o poi finire, pertanto rinuncia a viverla, evita di partecipare ad eventi piacevoli, prova ansia in mezzo alla gente e ha un atteggiamento negativo e pessimistico nei confronti della vita e delle emozioni. Traumi infantili, umiliazioni ed eventi dolorosi sono tra le principali cause di questa patologia. Proprio per questo la cherofobia diventa un meccanismo di difesa nei confronti di qualcosa che prima o poi potrebbe far male.

Nomofobia: la paura di rimanere sconnessi

La verità è che senza telefono non ci sappiamo stare. Lo smartphone fa ormai parte della nostra vita quotidiana e privarcene ci sembrerebbe davvero strano, se non impensabile. Ma nel mondo c'è qualcuno che non può proprio farne a meno. Stiamo parlando delle persone affette da nomofobia, che oltre ad essere considerata una delle fobie più strane e assurde di sempre è da molti ritenuta la paura del ventunesimo secolo.

La nomofobia (dall'inglese no mobile phone phobia) non è altro che la paura di rimanere senza connessione internet. Qualcuno magari sorriderà, eppure abbiamo a che fare con una paura figlia dei nostri tempi: la vera paura non è tanto quella di perdere lo smartphone o di romperlo, quanto il non riuscire più a connettersi col resto del mondo. Se il telefono è scarico o non riesce a connettersi alla rete può succedere che il nomofobico possa vivere stati d'ansia e di forte agitazione. Senza internet chi soffre di questo disturbo rischia di sentirsi solo e tagliato fuori dal mondo. Abbiamo a che fare con una vera e propria sindrome di disconnessione.

CURIOSITÀ SUL CORPO UMANO: TRA SCHIFEZZE E SUPERPOTERI

Che cosa ti succede se mangi le caccole?

La domanda ti interessa molto, vero? Beh, per prima cosa dobbiamo chiederci che cosa c'è nelle caccole: cosa contengono? Si tratta di muco disidratato, che può contenere anche enzimi, anticorpi e grassi. Ma non solo!

Il muco è uno strumento di difesa dell'organismo, e il suo compito è proprio quello di "intrappolare" batteri e altri microorganismi come virus e funghi. Per questo motivo, se mangi le caccole… ti faranno bene! Andranno infatti a stimolare il tuo sistema immunitario, e questo le rende salutari per l'organismo.

È vero che mangiando le carote ci si abbronza di più?

Ti rispondiamo subito: non è vero! Non esistono alimenti che stimolino realmente l'abbronzatura, ma bisogna tenere presente che l'abbronzatura è un metodo che la nostra pelle utilizza per proteggersi dai raggi nocivi del sole. Infatti, quando ci si espone al sole, le cellule della pelle producono melanina, un <u>PIGMENTO</u> scuro che va a formare uno strato protettivo contro i raggi solari. Il betacarotene, contenuto sia nelle carote che in molti altri ortaggi come pomodori e spinaci, aiuta a sua volta a proteggere la pelle, andando ad arricchire questa azione.

Perché dovresti farti crescere la barba?

Magari non adesso, ma tra qualche anno… e soltanto se sei un maschio, ovviamente! Ma ricordati che farti crescere la barba può apportare dei benefici effettivi alla tua salute. Non ci credi? Per cominciare, la barba aiuta a proteggere la pelle del viso dalle radiazioni solari nocive. Questo rallenta anche l'invecchiamento, perché sono anche i raggi solari a farci spuntare le rughe! Inoltre, la barba "filtra" i microorganismi come i batteri, che in questo modo raggiungono più difficilmente il nostro organismo, e ci protegge efficacemente da freddo e caldo eccessivi!

Le regole per una notte di sonno perfetta

Dormire bene è davvero importante: forse già sai che il sonno è fondamentale per mantenere in equilibrio tutti i processi del nostro organismo e consentirgli di recuperare dopo gli sforzi.

Per dormire bene la notte, possiamo aiutarci··· con il sonnellino diurno! 15-20 minuti di sonno pomeridiano possono migliorare la nostra gestione dello stress e permetterci di arrivare alla sera più "freschi" e quindi meglio disposti al sonno notturno. Altri trucchetti per dormire meglio sono passeggiare per almeno 15 minuti dopo cena e··· dormire nel proprio letto! Infatti, se si dorme fuori casa il cervello resta più vigile per percepire eventuali pericoli··· e si riposa male.

Il DNA di Wolverine!

Conosci Wolverine, il personaggio della serie a fumetti X-men dotato di uno scheletro di adamantio che lo rende invulnerabile? Beh, devi sapere che al mondo esistono dei veri supereroi molto simili a lui. Una mutazione genetica in un particolare gene chiamato LRP5 rende l'ossatura di alcune persone praticamente indistruttibile, con uno scheletro denso, pesante e a prova di frattura. Lo hanno scoperto alcuni scienziati della Yale School of Medicine studiando una famiglia che per generazioni non aveva mai avuto alcun problema alle ossa!

Che cos'ha di speciale il nostro cervello?

Davvero molto! Ad esempio, è così attivo che consuma da solo il 20% di tutto l'ossigeno che entra nel nostro corpo, e non si spegne mai··· neppure di notte! Anzi, quando noi dormiamo l'attività cerebrale è più intensa rispetto alle ore diurne (e proprio da questa dipendono i nostri sogni o i nostri incubi!)

Le possibilità del nostro cervello sono incredibilmente ampie e sfruttate ancora solo in minima parte: se volessimo, potremmo grazie al nostro cervello memorizzare cinque volte le informazioni contenute in un'enciclopedia. E se sviluppando le aree del cervello ancora "dormienti" gli esseri umani riuscissero a fare anche altro, come ad esempio··· spostare gli oggetti soltanto col pensiero?

Uno stomaco a prova di automobile

Il succo gastrico è un liquido trasparente che si trova nel nostro stomaco e ci aiuta a digerire gli alimenti. Contiene una serie di elementi, come acqua, bicarbonato, potassio, sodio, ma la vera bomba, il nemico n.1 degli alimenti pesanti e indigeribili è··· l'acido cloridrico! È un liquido altamente corrosivo (infatti, se nello stomaco ce n'è troppo può venirti gastrite e bruciore) ma incredibilmente potente: secondo lo scrittore Isaac Asimov, che era anche un biochimico, l'acido cloridrico potrebbe bucare un fazzoletto··· e perfino la carrozzeria di un'automobile! Ti sconsigliamo però di mangiarne una per fare la prova.

I tuoi capelli sono più forti di Hulk

Ecco qualcosa che non sapevi dei tuoi capelli: se li lasciassi crescere per tutta la vita, senza tagliarli mai, arriverebbero alla lunghezza di circa 1000 km (per capirci meglio, la distanza che c'è tra Milano e Messina!). Inoltre, sono incredibilmente resistenti: per spezzare un capello bisogna tirarlo tantissimo, allungandolo di una volta e mezza la sua lunghezza. Questo lo rende più resistente di un filo di rame dello stesso diametro! Inoltre, la parte visibile dei capelli··· è quella morta! L'unica parte viva è quella che si trova ancora all'interno del cranio, in attesa di spuntare.

Non far arrabbiare le orecchie!

Tratta bene le tue orecchie! Oltre a essere un organo molto delicato, nascondono molti segreti: primo fra tutti, il fatto che continueranno a crescere per tutta la tua vita... anche quando sarai grande! Non ti allarmare, non ti ritroverai come Dumbo: crescono di circa 0,2 mm all'anno, quindi circa un cm in 50 anni. Inoltre contengono gli ossicini più piccoli del corpo: l'incudine, il martello e la staffa. Per finire, sapevi che oltre ai suoni forti, per l'orecchio è molto, molto fastidioso... anche il silenzio assoluto? È stato provato in un esperimento negli Orfield Labs, a Minneapolis, negli USA. Qui sono state create delle stanze a rumore zero: chi vi entrava cominciava a sentire tutti i rumori interni al proprio corpo, compreso il battito del proprio cuore... e non vedeva l'ora di uscirne!

Attenti all'odore fantasma

Il tuo naso è capace di molto più di ciò che ti aspetti. Quanti odori pensi di riuscire a riconoscere? Cento, mille? Tieniti forte: il naso umano è capace di distinguere circa mille miliardi di odori diversi. Inoltre, siamo capaci ricordarli con precisione molto meglio rispetto alle immagini (ne ricordiamo il 65% dopo un anno, rispetto al 50% delle immagini). Anche l'olfatto però può fallire: alcune persone soffrono di parosmia, un senso dell'olfatto distorto che li porta a "scambiare" gli odori percepiti per altri. Esiste poi la "fantosmia": la percezione di odori "fantasma", che non sono realmente presenti nell'ambiente.

CONCLUSIONE

Cari ragazzi e ragazze, siamo giunti alla fine di questo sorprendente viaggio all'insegna delle curiosità e dei fatti più incredibili in cui probabilmente non vi eravate mai imbattuti. Spero che questa raccolta vi sia stata di aiuto per passare piacevoli momenti di svago ma soprattutto per soddisfare la vostra sete di sapere e di originalità.

Come promesso, troverete un piccolo glossario con alcuni dei termini più ostici usati in queste pagine. E ovviamente non vi resta che mettervi poi alla prova con il "Quiz finale delle curiosità"! Sfidatevi e sfidate i vostri cari per concludere questa piacevole lettura in maniera altrettanto divertente.

Grazie a tutti!

GLOSSARIO

crinolina: tessuto per l'abbigliamento femminile in crine di cavallo

fobia: paura di carattere patologico, spesso senza un vero motivo apparente;

hotspot: punto di connessione che permette l'accesso a internet tramite wifi;

ippocampo: sinonimo di cavalluccio marino;

ottopode: categoria di molluschi con otto zampe;

pigmento: sostanza che sciolta in un liquido si colora;

sorte: destino;

teobromina: sostanza presente nel cacao sottoforma di polvere, incolore e amara;

tossina: sostanza animale o vegetale che può risultare dannosa;

boulangerie viennoise: panificio tradizionale di Vienna;

IL QUIZ FINALE DELLE CURIOSITÀ

Ora che hai letto tantissime curiosità sei pronto per un gioco?

Sfida amici e parenti a rispondere correttamente alle domande del "QUIZ finale delle curiosità".

Per ogni domanda hai a disposizione tre opzioni: prova a indovinare, ma ricorda che solo una è quella esatta!

Se hai dei dubbi non preoccuparti, troverai alla fine del quiz le risposte corrette.

Vince chi porta a casa più risposte esatte!

Sei pronto? Bene!

Che il QUIZ abbia inizio!

domanda 1

Quanti cuori ha un polpo?

A) 1
B) 3
C) 2

domanda 2

Qual'è il cibo più rubato nel mondo?

A) gomme da masticare
B) pizza
C) formaggio

domanda 3

Che colore nell'epoca vittoriana era un pigmento "tossico"?

A) giallo
B) verde
C) blu

domanda 4

Quanti ore lavorano i Cuiva?

A) dalle 5 alle 10 ore
B) dalle 15 alle 20 ore
C) dalle 30 alle 40 ore

domanda 5

Quale rettile ha una specie che preferisce respirare dal posteriore?

A) tartaruga
B) serpente
C) coccodrillo

domanda 6

Che cosa significa "Rafiki" in lingua Swahili?

A) Scimmia
B) Stregone
C) Amico

domanda 7

In quale Paese nel 2019 è stato ottenuto il premio mondiale per il profiterole più grande?

A) Svizzera
B) Italia
C) Francia

domanda 8

Di quale animale si utilizzarono le fattezze per progettare l'aspetto dell'alieno E.T.?

A) Un elefante
B) Un carlino
C) Un babbuino

domanda 9

A quale categoria appartengono gli arachidi?

A) legumi
B) noci
C) frutta

domanda 10

Nell'installazione record di Star Wars del 2019 cosa hanno costruito con i lego?

A) una spada laser
B) la principessa Leila
C) un casco da Stormtrooper

domanda 11

Quale insetto impollinatore dobbiamo ringraziare se amiamo il cioccolato?

A) la mosca
B) la zanzara
C) il calabrone

domanda 12

Quale spezia veniva usata anche per pagare l'affitto?

A) il sale
B) lo zucchero
C) il pepe nero

domanda 13

Di dove sono originari i "croissant"?

A) Francia
B) Italia
C) Austria

domanda 14

Colombia. Come taglia i capelli la popolazione Nukak?

A) denti di tigre
B) denti di piranha
C) denti di squalo

domanda 15

Per quale motivo è stato portato un hotspot sull'Everest?

A) per aiutare gli scalatori in caso di emergenza
B) per collegarsi sui social
C) per ordinare del cibo a domicilio

domanda 16

India. Cosa lascia la tribù dei Solima a disposizione delle tigri?

A) frutta
B) pesce
C) miele

domanda 17

Quale nobile aristocratica medievale ha ispirato il personaggio della regina cattiva di Biancaneve?

A) Regina Elisabetta
B) Uta di Naumburg
C) Sofia di Prussia

domanda 18

Chi rubò la Gioconda dal museo del Louvre il 21 agosto del 1911?

A) un imbianchino italiano
B) Arsenio Lupin
C) i soldati tedeschi

domanda 19

Qual è la domanda che viene fatta in Brasile quando si è ospiti a casa di qualcuno?

A) Ciao, come stai?
B) Posso offrirti una tazza di tè?
C) Vuoi farti una doccia?

domanda 20

Dove si trova il deserto di Atacama, famoso per essere il più arido del mondo?

A) In Messico
B) In Cile
C) In Algeria

AUTORE

Il tempo che passi con i tuoi figli (Kronos), riesci a renderlo pieno di gioia, bellezza e significato (Kairos)?

Gli impegni e le preoccupazioni della vita ci fanno dimenticare anche di noi stessi senza renderci conto che ogni secondo passato lontano dai nostri amori è un secondo che non ci restituisce nessuno.

Non c'è modo di tornare indietro.

Troppo tempo passato tra lavoro e impegni senza poterli vedere crescere, sapere se stanno bene e perdendosi le loro prime scoperte. Oramai imparano tutto da TV e smartphone…

Siamo Linda (maestra di scuola elementare di Firenze) e Charlie (Graphic Designer canadese), genitori felici di due magnifici bambini e ideatori di Kairoslandd!

Quella che stavi leggendo era la storia della nostra vita che ci stava sfuggendo di mano.

I bambini crescevano a vista d'occhio ma non sapevamo praticamente nulla di loro se non ciò che ci raccontavano i nonni dopo la giornata passata con loro.

Suona strano da sentire ma un periodo di disgrazia mondiale come la pandemia è stata per noi una grande gioia. Perché!?

★ Ci siamo goduti ogni minuto, risata, gioco ed emozione dei nostri bambini come mai prima d'ora, riscoprendo quanto il tempo debba essere vissuto pienamente.

Kairoslandd nasce per voi, mamma e papà, che volete esserci nel "momento giusto" per riempire la vostra mente di ricordi ed emozioni irripetibili che rischiano di passare e sfuggire per sempre.

Unendo le nostre esperienze professionali nell'insegnamento e nella grafica, insieme ad un team di esperti, abbiamo creato tanti libri utili e di qualità pensati per rendere magico ogni momento che passerai insieme ai tuoi figli!

BONUS SPECIALE

Scansiona il Codice QR con la fotocamera del tuo smartphone e

assicurati di scaricare la sorpresina per te.

Il divertimento non è ancora finito;-)

SOLUZIONI

1B, 2C, 3B, 4?, 5A, 6C, 7B, 8B, 9A, 10C, 11A, 12C, 13C, 14A, 15A, 16C, 17B, 18A, 19C, 20B

Visita la nostra pagina su amazon

Printed in Poland
by Amazon Fulfillment
Poland Sp. z o.o., Wrocław
11 December 2023

f7f3b2ff-8bef-43b2-b6a1-f51ce34ab71eR01